LA TAREA INMEDIATA

DEL AMOR

EN SØREN KIERKEGAARD

Individualidad, prójimo y modernidad

Tomás Romero Azcondo

LA TAREA INMEDIATA
DEL AMOR
EN SØREN KIERKEGAARD
Individualidad, prójimo y modernidad

EDITORIAL ANAWIM, 2025

Cubierta diseñada por María Giménez-Arnau
Web: mariagimenezarnau.com
Foto de portada: Viernes noche acompañando a los toxicómanos periféricos del poblado marginal de Valdemingómez (Madrid), junto a una hoguera al lado de la Parroquia de Santo Domingo de la Calzada

ISBN: 978-84-128851-4-9
Dpto. legal: M-14622-2025

Editorial Anawim S.L.
CIF: B-10812618
C/Condesa de Venadito 17, 4ºD
28027 Madrid
Web: anawim.es
Información y propuestas: anawimperiodico@gmail.com

A la tribu de los Bocatas...

ÍNDICE

1.- Introducción, 9

2.- Primer acercamiento
   a la concepción kierkegaardiana del amor, 13

3.- Individualidad y existencia, 23

4.- Dos modelos de pensamiento, 33

5.- El concepto de prójimo, 43

6.- Pasión amorosa y amistad, 51

7.- Cristianismo y mundo, 59

8.- El problema de la caridad en Kierkegaard, 71

9.- Conclusiones, 79

Bibliografía, 87

1.- Introducción

No deja de producir cierto reparo disponerse a realizar un ensayo acerca de algo que, precisamente, no está concebido para ser intelectualmente comprendido ni teoréticamente descubierto. En el amor al prójimo nos encontramos frente a una activa llamada a la puesta en acción inmediata, a su demostración en la obra diaria más cotidiana de cada ser humano singular. Llamada que, en efecto, está dirigida a todos y cada uno de los individuos existentes.

Kierkegaard escribe *Las obras del amor* en la Dinamarca del siglo XIX, gobernada y dirigida por un Estado confesional, en el que el poder político-temporal y el poder religioso se encuentran unificados. La "sociedad" danesa, por lo tanto, se concibe a sí misma como cristiana. La religión, en términos sociológicos, se encuentra arraigada en el ambiente social. Ahora bien, ¿es la religión un fenómeno sociológico? ¿Se encuentra por ello realmente ejercida y encarnada en cada vida personal? ¿Significa este fenómeno que "todos sean cristianos"? El pensador danés, en oposición al debilitamiento de la seriedad existencial que conlleva el ser cristiano por causa de su transformación en un mero hecho consuetudinario (usos y costumbres), se pregunta a lo largo de toda su obra, como motivo latente, en qué consiste y cómo se puede llegar a ser real y auténticamente cristiano. La cuestión quizá estribe en encarnar aquello que predica el cristianismo en las propias entrañas y corazón de cada uno de los seres humanos. Ettore Rocca, en su libro *Kierkegaard. Secreto y testimonio*, expresó de la siguiente manera la preocupación de todas las reflexiones filosóficas del danés:

> Al volver la vista sobre su obra, Kierkegaard afirmaba que sólo había tomado posición ante un problema: el de llegar a ser cristiano en un mundo en el que el cristianismo había sido abolido. ¿Qué significa escribir sobre el modo de llegar a ser cristiano? En la base de la obra de Kierkegaard está la opinión de que es paradójico escribir sobre este tema, pues el cristianismo es vida y no saber. (Rocca, 2020, p.23)

Uno de los rasgos de la contemporaneidad del siglo XIX fue el surgimiento de las sociedades de masas. En ellas, la individualidad de los individuos, esto es, el contenido de la personalidad de cada uno de ellos, se encontraba potencialmente disuelto en las grandes aglomeraciones gregarias de las gentes. El hombre, por ello, tendía a homogeneizarse con los demás, perdiendo la posibilidad de una vida auténticamente seria, responsable y profunda. Profunda, ¿en qué sentido? Kierkegaard entendía la profundidad como la "realización *existencial* profunda de una idea" (Kierkegaard, 2021, p.68). En el encarnar en la acción vital aquello que se creyera estribaría el nivel de profundidad de cada uno de los seres humanos. El amor es, pues, algo a ser ejercitado y encarnado en la propia vida singular y personal de cada cual, de manera irreductible a la de cualesquiera otras personas.

En el ambiente filosófico-cultural danés del siglo XIX, el hegelianismo se situaba como la corriente hegemónica. Hegel, como bien sabemos, es el mayor adversario intelectual en el pensamiento de Kierkegaard. La búsqueda de su pensamiento filosófico consiste, ante todo, en una salida de la totalidad histórica hegeliana. Por ahora, a modo de introducción, dejemos mencionado que quizás en la trascendencia que supone el amor al prójimo se encuentre la puerta de salida de dicha totalidad.

Dentro de los estadios del camino de la vida, los cuales son el estético, el ético y el religioso, el amor en el que nos centramos en este escrito se encuentra en la culminación de todos ellos. El concepto de prójimo coloca el punto de mira sobre aquello que Kierkegaard consideró como el constituyente más radical y último del ser humano, que es la relación del hombre con la eternidad. Eternidad que iguala a todos los miembros del género humano. Es el vínculo con la eternidad desde donde se ejerce el amor al prójimo. El término "prójimo", cabe decir, representa a todos y cada uno de los seres humanos. He aquí la clave del universalismo cristiano. Llegar a ser cristiano está, pues, en llevar a cabo la obra de amar a todos y cada uno de los seres humanos. No es este un amor cualquiera, y su mirada ha de basarse en algo que permita, efectivamente, amar a cada hombre que vemos y con el que nos topamos en el mundo a lo largo de nuestra existencia. La forma en que nos relacionamos con el mundo real no es, entonces, baladí. Entre el mundo temporal y la relación con la eternidad estriba el amor cristiano. Inmanencia y trascendencia conforman el ejercicio del mandamiento fundamental del cristianismo: Amar al prójimo como a uno mismo. Mandamiento, es decir, deber, y no voluntariedad nacida mundanamente por el arbitrio o preferencias individuales de cada ser humano individual. La ley es solo ley fundada si puede ser universal, luego la ley del amor ha de estar y está dirigida a todos y cada uno de los seres humanos singulares.

El amor ejercido desde la perspectiva de la eternidad se identifica con una radical trascendencia respecto de la temporalidad mundana. Es, pues, imposible abarcar discursiva o teóricamente la esencia de este amor. Pretender poseer su esencia sería tan pretencioso como negar su relación de heterogeneidad respecto del mundo. Un ensayo o libro acerca del amor sólo puede ser, por ende, una invitación a la puesta en práctica de éste, un impulso a la acción vital; pues el amor es vida activa y obra, y no teoría o discurso.

2.- Primer acercamiento
a la concepción kierkegaardiana del amor:

El ser humano, al tomar decisiones y actuar frente al mundo y los distintos individuos con los que se topa presenta siempre, en términos estrictamente morales, un criterio de inadecuación o adecuación respecto de aquello que, en efecto, realmente buscaba conseguir. La tendencia o criterio que proyecta sobre lo que va a hacer y el contraste que percibe respecto de los posteriores resultados de aquello que ya ha hecho, se muestra como reflejo del valor y la valoración que el individuo determina de cara al mundo que le rodea, así como de aquellos otros seres humanos con los que trata a lo largo de su vida y, por ello, también de cara a sí mismo. Pues bien, la pregunta kierkegaardiana acerca del amor guarda una estrecha relación con la siguiente cuestión: ¿Cuál es la tendencia y, por ello, la proyección más profunda y absoluta que el ser humano puede integrar en la totalidad de su hacer y vivir en el mundo, en el trato con los demás y, por ello, también respecto de su propia vida? La respuesta a esta pregunta es, ni más ni menos, que el amor.

Este amor no es un amor cualquiera. Él se encuentra en una situación de heterogeneidad radical respecto de las determinaciones mundanas, es decir, respecto de los criterios circunstanciales y meramente subjetivos que el individuo pudiera formarse respecto de su pertenencia actual e histórico-temporal al mundo en el que vive. El amor guarda una indisociable relación con el horizonte y fin último vital del ser humano, el cual, secularmente puede ser conceptualizado como la muerte y, desde una perspectiva cristiana, como la eternidad. El amor, siendo aquello capaz de captar el horizonte último del ser humano (la eternidad) y, por ello mismo, su fundamento más propio, se concibe como algo distinto de las demás determinaciones o criterios mundanos desde los cuales se pretenda valorar o percibir la propia vida y la de los demás, es decir, la vida humana como tal. Cualquiera de las determinaciones que nazcan del ámbito circunstancial o de la vitalidad mundana han de derivarse de aquello que es capaz de integrar y determinar a todas éstas en su totalidad, abarcando de esta manera la vida en su sentido más absoluto. Con ello, nos estamos refiriendo al amor. El filósofo del siglo XX Max Scheler, en su libro *Ordo amoris*, afirmó que es "una cierta variedad de *amor* lo que tiene que preceder al conocimiento de la determinación individual" (Scheler, 2008, p.37). El *amor*, siendo aquello que se relaciona con el estrato más radical de la vida humana, presenta primacía y puede guiar, siempre de manera tendencialmente anterior, todas las demás determinaciones que establezcan los individuos en su temporalidad mundana. En este sentido, Kierkegaard, con una fuerte influencia paulina, afirmó que "el amor es la plenitud de la ley" (Kierkegaard, 2006, p.124).

Entre todas las formas y determinaciones mediante las cuales un ser humano puede amar a otro hay una que se revela como la auténtica, esto es, aquella de la que se puede llegar a decir que es ley fundamental respecto de todas las demás. Por esta razón, ha de ser el constituyente de la vida de todo ser humano particular, es decir, ha de poder encontrarse en cualquiera de los seres humanos existentes. La conjunción y fusión entre amor y ley no produce contradicción alguna si, y sólo si, puede afectar de manera esencialmente igual a todo ser humano posible: "en el amor no hay ningún conflicto entre la ley y el amor, que es la plenitud de la ley" (Kierkegaard, 2006, p.136).

El amor, identificado "no auténticamente" con determinaciones mundanas temporales o histórico-circunstanciales nacidas del propio arbitrio individual de cada individuo particular, choca con la forma de ley (forma que ha de ser, necesariamente, universal). Como expresa Kierkegaard, "el amor inmediato puede cambiar en sí mismo, puede trastocarse en odio" (Kierkegaard, 2006, p.55). Nace, pues, la pregunta acerca de cuál es el constituyente último del ser humano por el cual salga a la luz la igualdad humana más fundamental (nacida de la raíz o fundamento último de la persona). En la temporalidad finita, el mundo se encuentra caracterizado por sus múltiples diversidades y diferencias (diferencias de poder, inteligencia, gusto estético, atracción pasional, preferencia entre unos individuos y otros, etc.), mas ninguna de ellas, dada su mutabilidad y el perecimiento constitutivo de las mismas por mor de la finitud constitutiva del propio hombre que las crea y posee, puede caracterizarse como la propiedad última de la esencial igualdad humana. El destino de la muerte y, por ello, de la eternidad de todos los seres humanos, nos nivela en un nivel de plena igualdad. Amar atendiendo a dicha igualdad esencial es el amor más auténtico que puede darse, único susceptible de anular toda diversidad

15

fáctica o terrenal situada dentro del ejercicio de la vida finita de cada hombre y, por ello, la única manera en que la ley, con la capacidad de abarcar a todo ser humano, no mantenga contradicción alguna con el amor. El amor, captador de la igualdad humana más esencial, puede por ello ser la ley fundamental a partir de la cual puedan derivarse todos los demás mandatos posibles.

El cristianismo presenta, como punto central y básico de toda su doctrina, la ley que ordena la tarea del amor. La forma del mandamiento es la siguiente: "Amarás al prójimo como a ti mismo". El "prójimo" se caracteriza por el factor de encontrarse determinado por la eternidad, esto es, por la atención a la igualdad esencial que afecta a todos los seres humanos.

Ahora bien, un amor capaz de alcanzar este nivel de radicalidad no puede nacer de la representación de un "yo" que forme parte de la temporalidad mundana y finita en la que se encuentra; cualquier representación individual suya es insuficiente y limitada para poder llegar realmente a algo que vaya más allá de su propia condición histórico-temporal. Este amor tiene que venir, por ello, de fuera, tiene que encontrarse en relación esencial con la eternidad (con aquello que pueda permanecer más allá de la temporalidad finita y la diversidad terrenal que forman el mundo inmediato) y, por ello, este amor se identifica con Dios (lo totalmente Otro del "yo" finito y la totalidad histórica). Dios es, pues, el poder superior intermediario que coloca el amor en la relación entre ser humano y ser humano como prójimos:

> La sabiduría mundana piensa que el amor es una representación entre ser humano y ser humano; el cristianismo enseña que el amor es una relación entre ser humano – Dios – ser humano, es decir, que Dios es la determinación intermedia.
> (Kierkegaard, 2006, p.136)

El amor al prójimo se fundamenta, entonces, sobre algo que se encuentra más allá del ser humano que lo ejerce, estando éste paradójicamente a su vez inscribiéndolo de manera efectiva y práctica en la temporalidad fáctico-mundana. La determinación intermedia de Dios nos conduce a la toma en consideración de la incompletitud e imperfección constitutiva de las relaciones mundanas, apegadas a la diversidad terrenal y, por ello, perecederas en la finitud. La eternidad es, entonces, aquello que orienta la dirección del auténtico amor. En la relación que mantenga el individuo con la representación de la eternidad estriba el nivel de autenticidad amorosa que proyecte hacia los demás seres humanos. Dicha representación ha tenido que ser puesta desde Otro exterior al mundo, finito y limitado, y ese es Dios, que es amor.

Existe, pues, una lucha constante entre el apegamiento del hombre en la vida terrena inmediata (la cual vendría a caracterizarse, en la filosofía kierkegaardiana, con los estadios estético y ético de la vida) y la representación de la eternidad o su relación con Dios, que es el Poder que le ha otorgado tal representación (aquí nos encontraríamos ya en el estadio religioso). Al cobrar consciencia de la tensión en la que se encuentra el ser humano, éste ama ayudando a los demás en acompañamiento por el igual conflicto en el que todos se encuentran, de la misma manera que se ayuda y ama a sí mismo en la lucha por permanecer en la representación de la eternidad y, por ello, en amar a Dios. Hannah Arendt, en su tesis doctoral de 1928, titulada *El concepto de amor en San Agustín*, expresó esta pugna por la que surge el amor con las siguientes palabras: "El amor descansa, en suma, en el común saberse en peligro" (Arendt, 2001, p.144).

La relación de la esencial igualdad de la eternidad es aquello que constituye, pues, lo Absolutamente Otro del mundo, encontrándose más allá de la mundanidad temporal. Al encontrarse más allá del mundo, ésta ha tenido que ser fundada y tiene que estar sustentada, a su vez, por un Poder heterogéneo a aquél, identificándose con Dios. Amar al prójimo en la relación de la esencial igualdad viene a ser, entonces, amar a Dios. Dios es el intermediador en el amor al prójimo. Por ello, amar al otro es "ayudarle a que ame a Dios" (Kierkegaard, 2006, p.137) y, ser amado, consiste en "ser ayudado por otro ser humano para amar a Dios" (Kierkegaard, 2006, p.137). Dicho con otras palabras, amar y ser amado es ayudar y ser ayudado a que el amor en la esencial igualdad de la eternidad y, por ello, el amor a Dios, venza sobre cualesquiera representaciones y subterfugios del amor meramente mundano.[1] El amor auténtico se revela,

---

[1] En qué consisten estas representaciones mundanas del amor lo desarrollaremos más detallada y concretamente en los próximos apartados.

18

entonces, como el amor que ama al ser humano por lo que más radicalmente[2] es, o, dicho con otras palabras, aquello que de manera más profunda constituye su humanidad.

Es menester, no obstante, tener en cuenta dos posibles espejismos en el contexto de esta cuestión. El primero sería caer en la pretenciosidad de que, diciendo y creyendo que se ama a Dios y, no obstante, no amando a los seres humanos, es decir, al prójimo, uno se considere como el auténtico amoroso. Cabe recordar que no es lo mismo la grandeza que parte de la ruindad que la ruindad que parte de la grandeza. El amor a Dios se corresponde siempre con el amor al prójimo, y viceversa. La segunda alucinación consistiría en concebirse uno mismo, desde y a partir de sus representaciones individuales ancladas al suelo de la inmediatez terrenal, como aquél que funda el auténtico amor y por ello siendo, como en el anterior caso, el auténtico amoroso. Todo ello, claro está, con la pretensión de no necesitar de ningún Poder superior que posea la verdadera determinación del amor al prójimo. El hombre individual, plenamente autónomo y autosuficiente (negando su condición atravesada por el pecado original), sería el fundador del amor más auténtico. En tal clase de autoengaños, resuena el eco de aquella canción cuyo estribillo decía así: "Oh-Oh, yes, I'm the great pretender" (*Sí, soy el gran farsante*) (The Platters, 1955, 0m06s).

---

[2] "Radicalmente" en el sentido de "desde la raíz", es decir, desde su fundamento más básico.

La tarea de alcanzar el ejercicio y la puesta en obra, en la mayor medida posible, del amor auténtico, está dirigida a todo ser humano concreto y personal existente en la realización práctica de la totalidad de su vida entera y su relación con el prójimo (término que identifica a todos los seres humanos por igual y, al mismo tiempo, en la concreción vital y personal de cada ser personal irreductible a cualesquiera otros)[3]. No nos situamos, en este contexto, enfrentados a un ejercicio teorético abstracto, sino a uno práctico, activo y vital y, además, caracterizado por ser un mandato de puesta en acción inmediata de la tarea (sin subterfugios teóricos posibles). De la misma manera, el amor en la relación de igualdad esencial en la eternidad no es algo susceptible de ser comprendido teoréticamente desde la mera y exclusiva razón teórica o el entendimiento científico objetivador, como pudiera suceder con el afán de comprensión de la totalidad natural y fáctico-histórica de lo existente, propio del racionalismo moderno de corte intelectualista. El problema que nos ocupa concierne, ante todo, al afecto, la pasión y la fe que cada ser humano personal ponga en ejercicio en su propia vida desde su fuero interno y con relación a su trato con el prójimo. De esta manera, la representación de la eternidad serviría de corte respecto de aquello que denunció el pensador personalista Emmanuel Mounier en su ensayo titulado *El pensamiento de Charles Péguy*:

> El mundo moderno se ha creado el dogma fundamental de que podemos abarcar con un

---

[3] Las implicaciones del concepto de *prójimo* las desarrollaremos en el apartado 5 del trabajo.

conocimiento integral toda la realidad del hombre y de la creación mediante unos juegos de clavijas convenientemente dispuestos. (Mounier,1974 p.78)

3.- Individualidad y existencia:

Si alguien nos preguntara por el motivo central del pensamiento kierkegaardiano, la respuesta más concisa y directa sería decir que es la recuperación de la pregunta por el individuo y su individualidad. Ahora bien, no recuperando cualquier idea de individuo. El planteamiento antropológico de Kierkegaard guarda numerosas particularidades en las que resulta necesario adentrarse.

En primer lugar, digamos que la concepción de la individualidad del ser humano que quiere recuperar el pensador danés es contraria a ciertas representaciones filosófico-históricas de ella. Por un lado, no tiene nada que ver con el individuo metafísico y aislado del pensamiento contractualista del racionalismo moderno. Pongamos como paradigma de éste a Thomas Hobbes. El filósofo anglosajón, para fundamentar el nacimiento del Estado moderno, se vio obligado a formular, de manera puramente teórica, una idea de individuo neutralizado o excluido de todo contenido cultural-concreto, histórico-comunitario o religioso posible, reduciendo a éste a la mera corporalidad aislada en estado de naturaleza (sin vínculo alguno con cualesquiera pueblo formado o histórico-fáctico concreto). De esta manera lo expresó en su obra culmen, el *Leviatán*: "Y aunque algunos brillen más y otros menos cuando están fuera de su vista, en su presencia no brillan más que las estrellas en presencia del sol" (Hobbes, 2019, p.247).

En segundo lugar, en prácticamente todas las reflexiones filosóficas planteadas por Kierkegaard, se encuentra latente una clara oposición al "pensamiento abstracto", eminentemente representado por el hegelianismo, corriente hegemónica en el ambiente religioso-cultural de su tiempo. En el idealismo absoluto hegeliano, el lugar del individuo (del ser humano concreto), a juicio de Kierkegaard y el posterior existencialismo, se veía potencialmente reducido a ser un mero medio o instrumento del despliegue de la razón en el proceso de desarrollo de la totalidad histórica. El individuo quedaba subordinado a la totalidad histórica. Kierkegaard pretende producir un viraje ante esta clase de filosofía con el objetivo de rescatar la importancia y dignidad del individuo singular y concreto y el contenido de su individualidad, es decir, de su drama vital singularizado y personal. El célebre pensador español Miguel de Unamuno (el cual se vio notablemente influido por Kierkegaard), a su vez también quiso acentuar la pérdida de consciencia en lo que al ser humano personal existente y su singular drama vital se referían en el denominado "pensamiento abstracto":

> Cuando se considera un pensador abstracto que no quiere poner en claro y confesar la relación que hay entre su pensamiento abstracto y el hecho de que él sea existente, nos produce, por excelente y distinguido que sea, una impresión cómica, porque corre el riesgo de dejar de ser hombre. (Unamuno, 2022, p.146)

En tercer lugar, otro de los aspectos importantes de la filosofía kierkegaardiana es el afán por llevar a cabo un pensamiento que parta y vaya dirigido al "hombre común". ¿A qué nos referimos con ello? Por un lado, se opone al intelectualismo de corte hegeliano, filosofía dedicada exclusivamente a aquellos portadores de grandes dotes intelectuales y de comprensión. La abordabilidad comprensiva del desarrollo de la idea a través de la totalidad de la historia se encuentra con entrada exclusiva a cierto número de individuos "selectos". Por otro lado, la antropología kierkegaardiana no aspira a proponer la construcción de un "hombre aristocrático", caracterizado por poseer grandes cualidades que le diferencien de los demás seres humanos singulares. No, Kierkegaard busca encontrar aquello que constituya a todos y cada uno de los seres humanos comunes y personales (se trata de una filosofía centrada en el "ser humano de a pie", dicho con palabras cotidianas o de habla más coloquial) y, por ende, también se encuentra presente la propuesta de un "deber ser" ético-religioso susceptible de ser alcanzado por todos. El pensador personalista Emmanuel Mounier, en su libro *El personalismo*, fijó también su punto de mira en las filosofías ancladas al drama vital de cualesquiera seres humanos ordinarios o comunes. Filosofías en busca de aquello que, interesándonos por su relación con la exposición del amor al prójimo que tratamos en este trabajo, iguale de manera más esencial a todos y cada uno de los seres humanos:

> No es una ética de los "grandes hombres", un aristocratismo de un nuevo tipo, que seleccionaría los más prestigiosos logros psicológicos o espirituales para hacer de ellos los jefes altivos y solitarios de la humanidad. Tal es,

se sabe, la posición de Nietzsche. Después, muchas vanidades, ebrias de desprecio, han armado sus caballetes al amparo de su nombre. Si bien la persona se cumple persiguiendo valores situados en el infinito, está sin duda llamada a lo extraordinario en el corazón mismo de la vida cotidiana. Pero lo extraordinario no la separa, pues toda persona está llamada a él. Como escribe Kierkegaard, quien, sin embargo, cede a veces a la tentación de lo extremo: "El hombre verdaderamente extraordinario es el verdadero hombre ordinario". (Mounier, 1972, p.32)

Si por algo se caracteriza la teoría antropológica del danés, es por ser de corte específicamente espiritualista. Cuerpo y alma se encuentran determinados por el espíritu. Este dato es fundamental, pues el amor al prójimo se concibe como un amor específicamente espiritual. Fijémonos en estas palabras pertenecientes a *La enfermedad mortal*, donde el filósofo plantea se idea filosófica acerca del "yo":

El hombre es espíritu. (…) El yo es una relación que se relaciona consigo misma, o dicho de otra manera: es lo que en la relación hace que ésta se relacione consigo misma. (…) es una síntesis. (…) si la relación se relaciona consigo misma, entonces la relación es lo tercero positivo, y esto es cabalmente el yo. Si la relación, que se relaciona consigo misma, ha sido puesta por otro, entonces la relación es lo tercero; pero esta relación, esto tercero, es por su parte una relación que a pesar de todo se relaciona con lo que ha puesto la relación entera. (Kierkegaard, 2008, p.33)

La concepción espiritualista del "yo" se entiende como relación entre pares de conceptos en mutua relación dialéctica. Cada término de la relación se encuentra dialécticamente junto al otro y, por ello, en pugna. La relación no ha sido instaurada por el propio "yo" inmanente al mundo, sino que, para poder relacionarse positivamente consigo misma, la síntesis ha tenido que ser puesta por Otro que se encuentre más allá de la relación dialéctica efectiva en la mera mundanidad. El espíritu es la relación con el Poder que ha puesto dicha relación (de esta manera, la relación se relaciona consigo misma), es decir, la síntesis entre los dos términos. El Otro se encuentra más allá de la totalidad del mundo histórico-fáctico. Como hemos visto anteriormente, la ruptura con la totalidad es un rasgo característico de filosofías como la kierkegaardiana.

Sirvámonos de una de las relaciones entre pares de términos expuestas por el filósofo. El hombre es, sin perjuicio de otras relaciones consideradas en *La enfermedad mortal*, una síntesis de finitud e infinitud. Anclaje y existencia en la mundanidad y posibilidad de trascendencia hacia lo Otro de la totalidad o, lo que es lo mismo, relación con la eternidad. Unamuno, con un fuerte influjo del pensamiento kierkegaardiano, expresó en *Del sentimiento trágico de la vida en los hombres y en los pueblos*, la ligazón existente entre la asociación en el hombre de finitud e infinitud, así como el interés por la existencia y la vida singular del ente humano existente: "(…) un hombre efectivo, compuesto de infinitud y finitud, tiene su efectividad precisamente en mantener juntas esas dos y se interesa infinitamente en existir" (Unamuno, 2022, p.146).

A lo largo de este ensayo iremos adquiriendo consciencia de la relevancia que presenta la relación puesta en el hombre entre finitud e infinitud. En las *Las obras del amor* se escuchan ecos de este compuesto, pues el amor precisamente estriba entre la diversidad terrena (el mundo temporal) y la eternidad (la igualdad esencial de todos y cada uno de los seres humanos).

En las crecientes sociedades de masas de la contemporaneidad occidental del siglo XIX, Kierkegaard y otros tantos pensadores pudieron observar cómo la individualidad del hombre iba, progresivamente, disolviéndose en lo que a su contenido y afán por personalizar su existencia se referían. El individuo, mimetizado y atomizado gregariamente con la masa, veía cada vez más homogeneizada su personalidad con el ambiente que le envolvía y, de esta manera, languidecía su voluntad. En este sentido, el ser humano era cada vez menos capaz de percibir su propio drama vital y esforzarse por realizarlo de una manera auténtica, encarnando un proyecto vital original nacido, como es inevitable, de su propio contexto y su relación con los otros, pero encarnado consciente y apasionadamente en su propia existencia y fuero interno.

El drama de la permanencia fija en la finitud se encuentra en hacerse uno mismo "completamente finito y, en vez de ser un yo, haberse convertido en un número, en uno de tantos, en una simple repetición de esa eterna monotonía" (Kierkegaard, 2008, pp.54-55). Por utilizar una expresión que pudiera ilustrar esta cuestión, digamos que la vida solapada a la finitud vendría a ser la de una "vida burocrática". Nacer, crecer y morir simplemente porque así es como ha sido establecido, sin un proyecto vital encarnado en el "yo", esto es, en ausencia de perspectiva respecto de una búsqueda de abundancia de sentido proyectivo encarnado a lo largo del transcurso de la vida.

El reverso radical de la forma de existencia simplemente finita sería el autoengaño de suponer que simplemente se puede y es posible vivir a costa de una relación con una trascendencia abstracta; con la imaginación o el mero pensamiento abstracto carente de una vinculación real con el mundo terreno, temporal y finito en el que la existencia se desenvuelve y desarrolla. Nos situaríamos aquí en el contexto del "hombre etéreo", de aquél que no asienta sus pies en el suelo de la vida real y, sin embargo, formula abstractamente teorías acerca del ser humano, la historia o cualesquiera otros temas. La figura del "pensador abstracto", adversario directo de la filosofía kierkegaardiana y el existencialismo, se encontraría dentro de esta definición. De esta manera se expone en *La enfermedad mortal*:

> De este modo, una vez que el sentimiento se torna imaginario, el yo se va evaporando poco a poco, hasta no ser al final más que una especia de sensibilidad impersonal, la cual inhumanamente no pertenece ya a ningún hombre, sino que inhumanamente y como quien dice de un modo

sentimental participa en el destino de una u otra abstracción, por ejemplo: la humanidad *in abstracto*. (Kierkegaard, 2008, p.52) –

A pesar de que Kierkegaard, a la hora de plantear su planteamiento filosófico-antropológico, se refiriera a estas relaciones en términos estrictamente ético-religiosos y no intelectualistas o de capacidad de alcance de conocimiento científico-teorético del ser humano, se podría establecer una relación metafórica entre el problema del sobrevolar erróneamente en la pura "infinitud vacía" y la paloma kantiana que, al sentir la resistencia del aire al volar, "podría imaginarse que volaría mucho mejor aún en un espacio vacío" (Kant, 2021, p.46).

¿Por qué estos apuntes en un ensayo acerca del amor? La respuesta es que éste cabalga entre la diversidad terrena (la mundanidad finita y sus diversos aspectos) y la perspectiva de la eternidad del prójimo (donde también se incluye el "yo"). Las diversidades mundanas no son susceptibles de ser anuladas, pues el ente existente vive y percibe su existencia en la inmanencia de ellas, mas puede concebirlas y surcar a través de las mismas de manera diferente: partiendo de la relación con la eternidad. La tarea del amor ha de ser ejercitada en la realidad (realidad que se opone a los esquemas individuales preconcebidos o ideológicos que pueda cada individuo proyectar sobre ella), esto es, dada la necesidad de la realidad más radical y fáctica impuesta a cada instante. Ahora bien, obrar inscribiendo el amor en la realidad mundano-material requiere de una relación con la eternidad que supone un aspecto crucial. Aquí nos encontraríamos con la salida de la totalidad de la diversidad terrenal en la que el existente, paradójicamente, siempre se encuentra:

> Por lo tanto, dado que sea un deber amar a los hombres que uno ve, se debe renunciar ante todo a las representaciones imaginarias y exaltadas, relativas a un mundo imaginario en el que sería preciso ir a buscar y hallar el objeto del amor, es decir, uno debe **desembriagarse**, conquistar la realidad y la verdad al encontrarse y permanecer en el mundo de la realidad, que es la tarea que se le ha asignado a uno. (Kierkegaard, 2006, p.199)

Las relaciones entre finitud e infinitud, así como las dadas entre diversidad terrenal y eternidad, se encuentran siempre en relación dialéctica. El segundo concepto de esta última conjunción resulta clave para poder comenzar a comprender el fondo subyacente del amor al prójimo. Por ahora, limitémonos a mencionar esta cuestión y, en los posteriores apartados, iremos profundizando en su fundamento e implicaciones.

4.- Dos modelos de pensamiento:

Kierkegaard construye su filosofía a partir de la distinción entre dos modelos de pensamiento.[4] Ésta nos sirve de piedra angular para que podamos saber en qué consiste ese "tú" al que llamamos prójimo. Los dos modelos son, por un lado, el mayéutico-socrático y, por otro, el cristiano. Adentrémonos en la exposición de cada uno de ellos.

En el socrático, la verdad se concibe como aquello que el ser humano individual guarda en sí, descubre en su propio ser y queda guardado en él. Como bien sabemos, el conocimiento socrático-platónico se identifica con el concepto de "reminiscencia". El conocimiento se encuentra ya *a priori* o de antemano en el sujeto. El ente humano individual únicamente ha de "volver a descubrir" la verdad que ya llevaba dentro de sí mismo a pesar de que, en un principio, no fuera consciente de ello. Tal y como lo expresa el pensador danés, en este modelo "cada hombre es para sí mismo el centro y el mundo entero se centraliza en él" (Kierkegaard, 1999, p.29). Al igual que un teorema matemático, como podría ser que la suma de los ángulos de un triángulo sumase 180°, que es el mismo tanto para el esclavo más miserable y el noble más acaudalado, la verdad ha de ser descubierta en el propio ser de cada cual para ser reservada en el sujeto replegado sobre sí mismo.

En dicho modelo resulta indiferente quién sea el maestro que haga despertar en el discípulo la verdad a

---

[4] La obra kierkegaardiana en la que tal diferenciación aparece es la de *Migajas filosóficas*.

descubrir, pues ésta es para cada uno la misma y la suya propia. El maestro no deja de ser, entonces, "una mera ocasión" (Kierkegaard, 1999, p.29). Sócrates desempeñó el papel de esta clase de maestro. El intelectualismo moral socrático entendía que la verdad se encontraba en todo ser humano, sin diferenciación alguna entre una élite intelectual y aquellos que fueran los más comunes u ordinarios. Trabajó incansablemente "sin entrar en mala ni vana compañía con las grandes cabezas, sino dando la impresión de hallarse íntimamente unido a un curtidor (…) comenzó a filosofar sobre ética en los talleres y en las calles" (Kierkegaard, 1999, p.28).

En el diálogo platónico del *Teeteto*, Sócrates aparecía como el "partero" de la verdad. El sabio griego no se presentaba a sí mismo como un maestro cuya relación con sus discípulos supusiera un posterior recuerdo infinito y una deuda permanente respecto de él. No, Sócrates era aquél que se acercaba a aquéllos que parecían "muy ignorantes al principio" (Platón, 1988, p.190) así como, también, a aquellos que pretendían poseer una sabiduría que, realmente, resultaba ser mera discursividad sofística repleta de contradicciones y falta de solidez lógica. Sócrates no era aquél que aportaba la verdad desde fuera, sino aquél que, en su relación con los discípulos, hacía ver que su aparente sabiduría era, en el fondo, vana ignorancia. Este viejo sabio era meramente aquella ocasión que servía de puente para que el discípulo, en retorno interior hacia sí mismo, descubriera su propia ignorancia y despertara la verdad que ya llevaba *a priori* en su ser. Él provocaba "el parto" (Platón, 1988, p.190) de la verdad en cada discípulo.

Cada uno de ellos, tras "recordar la verdad" que ya se encontraba de antemano en su propia alma, quedaba en relación autorreferencial y de autognosis con su descubrimiento sin posterior relación alguna con su maestro o el mundo que le rodeara. De esta manera lo expresaba Sócrates en el *Teeteto*: "Y es evidente que no aprenden nunca nada de mí, pues son ellos mismos y por sí mismos los que descubren y engendran muchos bellos pensamientos" (Platón, 1988, p.190).

El sabio antiguo, desde la ironía y la mayéutica (comunicación negativa, sin aportación de ningún contenido directo de conocimiento), hacía ver al sofista o discípulo ignorante que su aparente sabiduría era "algo imaginario y desprovisto de verdad" (Platón, 1988, p.192). Así exponía Kierkegaard, en *El libro sobre Adler. Un ciclo de ensayos ético-religiosos*, la maestría característica de Sócrates: "De este modo es como una persona irónica que mediante el procedimiento negativo consecuentemente consigue transformar *a un acusador, un agresor* en alguien que, sin saberlo, simplemente al hablar de sí mismo *acaba delatando* su propia insignificancia, miseria, etcétera" (Kierkegaard, 2021, p.149).

El instante o momento en el que el discípulo acometiera tal descubrimiento, así como el maestro que llevara a cabo la tarea del "parto" individual de la verdad contenida en cada cual, se mostraban como cualitativamente indiferentes. Tras el descubrimiento de la verdad por cada y en cada individuo, el recogimiento del mundo y la relación "a solas" del individuo consigo mismo (con su propio intelecto) eran dos consecuencias fundamentales.

El individuo se sitúa, en este modelo, en la autocomplacencia, sin una necesaria relación posterior ni recuerdo del maestro que le ayudó a desengañarse en relación con su propia ignorancia. El individuo se encuentra "a solas con la verdad".

El modelo cristiano presenta ciertas propiedades concretas, en cuanto al modo de aprendizaje de la verdad, que hacen que se diferencie de modo decisivo del anterior. El proyecto kierkegaardiano, apoyándose en la contraposición del socrático-platónico (griego), navega filosóficamente en la búsqueda de un planteamiento del modo de aprendizaje y captación de la verdad cristiana, encarnada en la figura de Jesús de Nazareth (Dios-hombre).

La pregunta central de la que parte la propuesta del segundo modelo de pensamiento es la de un aprendizaje de la verdad proveniente del exterior del sujeto autorreferencial. La verdad ha de venir de lo Otro del individuo y, por ello, de lo Otro de la totalidad histórico-inmanente en la que se encuentra el sujeto. Al proceder la verdad del afuera, previamente el individuo ha de situarse en la no-verdad. Es el maestro el que le aporta la condición para captarla y, por ello, le salva de su estado anterior. No resulta ya indiferente quién sea el maestro, pues él es precisamente el que redime al individuo. Este último, al ser enseñado por el maestro, queda en deuda infinita con él. Si el maestro es el que desde fuera otorga la verdad, el instante en que es otorgada resulta, a su vez, plenamente decisivo: "Si el instante ha de tener un significado decisivo (y sin ello retornamos a lo socrático, aunque creamos ir más allá), el discípulo está en la no-verdad y lo está por culpa propia" (Kierkegaard, 1999, p.43).

Enmarcando la introducción a este modelo de pensamiento con el cristianismo, cabe decir que son precisamente las verdades reveladas de la fe las que se encuentran más allá del mundo temporal-finito y allende la racionalidad individual de cada sujeto particular. El segundo modelo de aprendizaje o pensamiento tiene, pues, un notable cariz teológico.

El individuo mundano se encuentra en la no-verdad por carga y culpa propia, pues ésta representa su caída en el pecado. El Otro que le da la condición para conocer la verdad ha de ser aquél que le posibilite salir o salvarse de la pecaminosidad. El Maestro ha de ser, en consecuencia, salvador y redentor. Éste ya no se concibe como una "mera ocasión", sino que se presenta como alguien fundamental y decisivo. El Maestro que se encuentra allende el individuo y, por ello, más allá de la inmanencia de la totalidad mundana, no puede ser otro que Dios (lo Totalmente Otro). Por consiguiente, aquí la relación con el Maestro, es decir, la relación con Dios (con Lo Otro) no es accidental u ocasional, sino que se forja en la referencialidad y deuda infinita hacia Él.

El individuo, gracias al Maestro que le salva del estado en la no-verdad (pecado), vuelve a nacer, pasando del no-ser (pecaminosidad) al ser (verdad o salvación):

> Este paso del no-ser al ser es como el de un nacimiento. Quien existe no puede nacer y, sin embargo, éste nace. Vamos a denominar a ese paso *renacimiento,* porque por medio de él viene de nuevo al mundo como si fuera un nacimiento:

37

como hombre singular, desconociendo del todo el mundo en que ha nacido, hasta si está habitado o habitan en él otros hombres. Uno puede bautizarse *en masse*, pero nunca puede renacer *en masse*. (Kierkegaard, 1999, p.34)

Dios, como ser perfecto que es, no tiene necesidad de relación de reciprocidad con nadie para poder bastarse a sí mismo: Al estar la enseñanza del Maestro edificada desde la gratuidad y la implicación con el individuo mundano que, si bien se podría decir, a Dios le podría parecer innecesario e indiferente, la forma en la que el Maestro le aporta la posibilidad de salir del estado de pecado y, en consecuencia, de salir de su propia individualidad y autorrepresentación pecadora en relación ya permanente con el "Tú" exterior, no puede ser otra que el amor.

Si está en la no-verdad, tiene que pensar eso de sí mismo y el recuerdo no le podrá ayudar más que a pensar en ello. Sólo el *instante* decidirá si ha de ir más lejos (aunque el instante ya se ha mostrado activo al hacerle ver que él es la no-verdad). (Kierkegaard, 1999, p.36)

Ahora nos enfrentamos con un problema clave que nos hará descubrir la estrecha relación existente entre este segundo modelo de aprendizaje y el amor al prójimo. El amor, si es auténtico y sincero, se funda en la igualdad entre amante y amado. Si la desigualdad se encuentra vigente, ha de darse una importante dificultad de comprensión entre ambos. Dios y ser humano mundano se encuentran en una esencial diferencia, lo cual puede llevar a considerar una imposibilidad de comprensión que marchitaría y haría quimérico este amor:

> Con todo, es objeto del amor de Dios que quiere ser su maestro y cuya preocupación es conseguir la igualdad. Si ésta no se logra, el amor se torna infeliz y la enseñanza, sin sentido, ya que no consiguen entenderse entre sí. (Kierkegaard, 1999, p.43)

El movimiento ejercido por el Maestro se da, entonces, con un rebajamiento a la condición del discípulo. Dios ha de rebajarse al mundo, en forma de ser humano. Cristo, como Dios-hombre, representa dicho rebajamiento. El Maestro se hace humano del modo más humilde y miserable posible, descendiendo para mostrar el don del amor que proviene de Lo Otro en el mundo inmanente, de lo exterior a la totalidad histórico-temporal mundana:

> La diferencia absoluta se revela por el amor, y el amor no puede sino basarse en, y tener como fin, una igualdad entre los amantes, entendida como diálogo entre pares. Ya el hecho de que la diferencia absoluta quiera hacerse comprensible para el alumno es un acto de amor. Pero al mismo tiempo esta igualdad no puede producirse eliminando lo diferente, el ser humano en tanto que diferente. **Poner al alumno en el nivel de Dios sería aniquilar al alumno.** (Rocca, 2020, p.176)

Dios lleva a cabo el rebajamiento haciéndose hombre en Cristo. El rebajamiento, como hemos visto, es un acto de amor, razón por la cual el cristianismo afirma que Dios es amor. La encarnación se da, no por amor a ciertos seres humanos, sino por amor a todo el género humano (a todos y cada uno de los seres humanos particulares). El amor de Dios (del Maestro) es, por lo tanto, universal:

> Es Dios y sus ojos reposan inquietos sobre el género humano, porque el tierno brote del individuo puede troncharse tan rápidamente como la hierba. ¡Qué vida! ¡Puro amor y puro dolor! (…) Así es como está Dios sobre la tierra, hecho semejante al más humilde por su omnipotente amor. (Kierkegaard, 1999, p.46).

Cristo, como Dios hecho hombre por amor, sufriente y sacrificado en la Cruz, representa el amor encarnado e inscrito en este mundo finito e histórico-temporal. La doble heterogeneidad entre inmanencia y trascendencia se mantiene siempre. No obstante, el cristiano, aprendiendo el amor revelado del Maestro, sabe cuál es esa deuda infinita[5] que mantiene permanentemente con Él: encarnar, desde su propio ser mundano, ese amor universal. El prójimo es, pues, la marca del amor de Dios en todos y cada uno de los seres humanos. Al amar al prójimo, entonces, el cristiano ama a Dios. Al amar al prójimo se cumple con la deuda infinita ante el Maestro. El individuo no queda a solas consigo mismo, sino a solas con Dios y, por ello, a solas con el prójimo (todo ser humano):

---

[5] El sentido de la deuda infinita y la relación decisiva y permanente con el maestro ha sido explicado en el comienzo de este apartado.

Y, sin embargo, a distancia el prójimo es una quimera; él, que al aproximarse uno mismo, es el primero con quien topamos, incondicionalmente cualquier ser humano. A distancia, el prójimo es una sombra que por la vía de la imaginación pasa por el pensamiento de todo ser humano. ¡Ay!, pero que el ser humano que, en ese mismo instante, pasa realmente por su lado, sea el prójimo, de eso no se percata probablemente. (...) si tú no lo ves tan cerca que, incondicionalmente y delante de Dios, lo veas en cada ser humano, entonces no lo ves en absoluto. (Kierkegaard, 2006, p.107)

La relación con el prójimo no se basa en una condición intelectual o teórico comprensiva (como sí ocurre en el modelo socrático), sino en acción y obra hacia el "tú" que es cada ser humano próximo con el que topamos en nuestro camino por el mundo. La puesta en práctica de la deuda infinita del amor es labor y perseverancia en la vida más ordinaria y cotidiana de cada una de las vidas humanas singulares y personales. Amor que se ejercita desde "la conmoción por la vida y la atenuación por lo eterno" (Kierkegaard, 2006, p.447). En la doble heterogeneidad estriba y obra el amor, entre el sufrimiento y el impacto de la realidad en la totalidad histórico-temporal (tal y como *Job* llevaba a cabo sus plegarias ante las tragedias que le acontecían en su día a día más cotidiano) y el amor procedente de lo Totalmente Otro (la trascendencia de la eternidad en Dios):

(..) busca refugio en *Job*, en alguien que no ocupa una cátedra, alguien que no certifica la verdad de sus enunciados haciendo ademanes tranquilizadores, sino que está sentado junto a una fogata rascándose con una teja, y sin interrumpir esa labor manual hace observaciones e indicaciones pasajeras. Cree haber encontrado allí lo que buscaba; opina que en ese pequeño círculo formado por Job, su esposa y sus tres amigos, la verdad suena más gloriosa y más alegre y más verdadera que en un simposio griego. (Kierkegaard, 2019, p.66)

La deuda ha de ser infinitamente encarnada. Partiendo de la doble heterogeneidad entre ser humano y Dios, este primero, al menos antes de que la muerte le alcance, nunca podrá afirmar verdaderamente que su cumplimiento haya llegado a su plenitud o consumación definitiva: "Así las cosas, el individuo tendrá que permanecer en la deuda infinita. Es Dios quien posee la representación infinita de la verdad y de la infalibilidad acerca del amor" (Kierkegaard, 2006, p.232).

5.- El concepto de prójimo:

> Pues también el amor cristiano no tiene más que un único objeto, el prójimo; pero el prójimo está además todo lo lejos posible de ser un único ser humano, infinitamente lejos de ello, ya que el prójimo son todos los seres humanos. (Kierkegaard, 2006, p.79)

El foco principal del cristianismo es la atención a la universalidad del género humano en un sentido especialmente específico. Por ello, se encuentra opuesto a cualquier clase de particularismo que excluya, mediante cualesquiera caracterizaciones, a unos seres humanos de otros. Ya puede consistir dicho particularismo en la división según la condición económica a la que se pertenezca, el lugar geográfico o cultura concreta de proveniencia o las determinaciones particulares que un individuo singular establezca en la división que sustente su relación con unos congéneres y otros, que el universalismo cristiano queda siempre por encima de él, concibiendo dichas aparentes diferencias como la niebla que impide ver clara y nítidamente la auténtica realidad. Ahora bien, ¿cuál es la medida por la que se constituye esta antropológica universalidad?

En primer lugar, se establece una ruptura, heterogeneidad o incomprensión entre las representaciones surgidas de manera inmanente al mundo temporal e inmediato (construidas desde y por los seres humanos individuales pertenecientes al mundo) y la concepción cristiana de la realidad y la humanidad. Kierkegaard, en *Las obras del amor*, lo expresó con estas palabras: "Cristianismo y mundanidad jamás llegarán a comprenderse mutuamente, aunque por un instante un observador superficial pueda llamarse a engaño sobre este punto" (Kierkegaard, 2006, p.98).

El primer hombre (representado en el personaje de Adán), cayó en pecado al desobedecer a su Creador, es decir, Dios (el cual le creó, primeramente, sin pecado alguno), probando el fruto del árbol del bien y del mal. Desde entonces, el mundo fue condenado al pecado. Todo ser humano, al hacer uso de su libertad de arbitrio, tiene la posibilidad y la tendencia a caer en él. La expresión con la que se conceptualizó esta caída fue la de "pecado original". Pues bien, el hombre presenta, entonces, una condición incompleta, imperfecta y finita. El tiempo de su vida, al avanzar, al mismo tiempo se encamina hacia la muerte. Ésta última es, pues, el castigo último por el pecado. Podemos extraer de este factor dos consecuencias. En primer lugar, ninguna clase de plenitud o consumación de los tiempos es posible en este mundo. Además, ninguna representación o juicio humano puede presentarse como auténticamente bondadoso, amoroso o perfecto.[6]

Ahora bien, sin perjuicio de la condición pecaminosa del mundo, Cristo (Dios hecho hombre), mediante su sacrificio amoroso por los seres humanos y su posterior Resurrección, venció a la muerte propia de la finitud mundana y, por ello, al pecado. Con ello, el

---

[6] Como se puede observar, las coordenadas mediante las cuales el cristianismo establece el corte entre él mismo y el mundo son eminentemente morales.

cristianismo expresa que el castigo del pecado no puede llevarse, ni se lleva, la última palabra.

La redención de la vida finita (encaminada hacia la muerte, por encontrarse atravesada por el pecado) remite, al encontrarse situada más allá del mundo fáctico o presente, a aquello que tiene que ser, necesariamente, Absolutamente Otro (del mundo). Si hemos de referirnos a un horizonte final y esencial que se encuentra más allá de la temporalidad, la pregunta por el origen ha de basarse en una indagación respecto de aquello que remita a dicho confín. El horizonte de ultimidad, al ser algo Totalmente Otro, remite retrospectivamente a un origen del ser humano que se encuentra, a su vez, más allá de su condición finita, es decir, antes de haber sido arrojado al mundo del pecado. Hannah Arendt, al analizar esta cuestión de la doctrina cristiana, ya consideró que "la búsqueda del origen, que indaga -más allá del mundo-, trasciende también todo origen histórico que sea inmanente al mundo" (Arendt, 2001, p.127).

La muerte iguala toda diversidad del mundo fáctico; ningún ser viviente puede escapar de ella, pues la vida no es más que un camino hacia dicha ultimidad. Al referirnos a un "más allá" que vence a la muerte de la finitud (al pecado), nos encontramos con aquello que ha de ser, como consecuencia, lo opuesto a aquélla, esto es, la vida permanente (la eternidad o vida eterna). Las diferencias mundanas son abolidas y todo el género humano queda igualado esencialmente en la eternidad. En la igualdad esencial de la eternidad todos los seres humanos se reconocen por la misma propiedad:

45

criaturas originadas en y por Dios y encaminadas, tras su vida en el mundo, hacia Él. Cabe observar, entonces, que la vida temporal y terrena en y del mundo es concebida como un camino o sendero hacia el verdadero y permanente destino u horizonte que más radical y auténticamente le corresponde.

Dios se identifica con el amor que salva del pecado al hombre y, por ello, con el único amor perfecto y auténtico. Por ende, todo amor mundano, nacido y basado en las determinaciones de la finitud terrenal, se encuentra atravesado por la inautenticidad y el pecado. Morirá con la muerte. La relación que se establece en las representaciones del amor situadas en la mera inmanencia mundana se funda únicamente sobre dos elementos: ser humano-ser humano. No hay ningún Poder superior sobre la misma y, por ello, está sujeta al perecimiento y el devenir de la propia finitud de la que nace y en la que se encuentra. No existe ninguna posesión segura de aquel amor. Kierkegaard se refiere a este tipo de "relaciones amorosas" con los dos ejemplos siguientes: la "pasión amorosa" y "la amistad".[7]

¿Dónde podemos encontrar, entonces, un amor seguro y permanente? La respuesta se encuentra en aquello que pueda situarse más allá de nuestra condición perecedera. La posibilidad de este amor no ha podido, entonces, ser puesta por el propio hombre finito, sino por Algo que le trascienda y supere su condición limitada. Ese Algo es Dios, que es amor. El hombre no puede nunca alcanzar la igual identificación con Dios, y

---

[7] Véase el apartado 6 del trabajo para adentrarse en las diferencias entre el "amor auténtico", la amistad y la "pasión amorosa".

nunca alcanza su misma condición (no es posible que el hombre llegue a ser un hombre-Dios), pues no puede corresponderse de manera igualitaria con aquello que siempre le trasciende y supera de manera esencial. Dios, si es el Poder que otorga el amor que funda la igualdad constitutiva de todos los seres humanos en la eternidad (y, por ello, Dios mismo es amor), ama a todos y cada uno de ellos por igual. Por consiguiente, el ser humano, al amar a Dios y, por ello, al "amar como Dios ama", se encuentra llamado a amar a todos los seres humanos. El concepto de "prójimo" se reconoce, entonces, en la igualdad de la eternidad y, por ello, fundado por Dios y en permanente relación con Él.

El mandamiento cristiano del amor dice así: "Amarás al prójimo como a ti mismo". Habiendo leído la llamada a la acción podemos percatarnos de que, para amar al prójimo como a uno mismo, uno mismo ha de ser, a su vez, prójimo del otro y, por ello, ha de estar también en relación con Dios. "Amarse a uno mismo" es, por tanto, amar a Dios, y no guarda relación alguna con el "amor de sí" (Kierkegaard, 2006, p.87) o con el amor autorreferencial al "yo" del mundo. El "yo" inmanente al mundo o mundano no es eliminado, pretenderlo sería una fantasiosa quimera, mas sí se encuentra, al ser prójimo, determinado por su relación de trascendencia con Dios. Este es uno de los puntos fundamentales de la cuestión, preguntarse qué es eso de "ser prójimo".

La obra amorosa del cristiano consiste, por lo tanto, en la autonegación de sus propias representaciones, construcciones, predilecciones e intereses mundanos e individuales en la relación con sus prójimos. Relación que, por otro lado, se inscribe temporalmente en el mundo, a partir, primeramente, de su relación con aquello Absolutamente Otro que la posibilita. Existe una relación dialéctica en la relación entre inmanencia y trascendencia, finitud y eternidad. Esta relación, encontrándose "más allá" de la condición limitada del hombre, sólo ha podido ser puesta por un Poder que le supere, por algo más grande que él, y ese es Dios. La palabra que el cristianismo ha utilizado y utiliza para referirse a la puesta en marcha de esta obra amorosa es la de "abnegación". En el marco de esta cuestión, Kierkegaard se expresó con las siguientes palabras: "En todas partes donde se encuentre lo cristiano, se encuentra también la abnegación, que es la forma esencial del cristianismo" (Kierkegaard, 2006, p.80).

Dicho esto, cabe decir que el cristiano, dentro de la tensión y lucha entablada entre la inmanencia al mundo temporal y la trascendencia, ha de tener siempre presente la advertencia que San Pablo manifestó enunciando que "la sabiduría de este mundo necedad es para Dios" (1 Cor 3, 18-23, como se citó en Bover, 1950, p.113).

En la novela *El idiota*, escrita por Fyodor Dostoyevski, el protagonista Myshkin recibe una carta en la que aparece reflejada la extrañeza y, en términos mundanos, asombrosa dificultad, de que sea posible un amor capaz de superar, vencer y trascender las representaciones individuales del amor mundano determinado por la predilección (ser humano-ser humano):

48

¿Es posible amar a todos los hombres, a todos los prójimos? A menudo me he hecho esta pregunta. Por supuesto que no, sería hasta antinatural. En un amor abstracto a la humanidad uno no se ama casi nunca más que a sí mismo. Pero es imposible para nosotros, en el caso de usted es diferente. ¿Cómo podría usted no amar a alguien cuando no puede usted compararse con nadie y cuando está usted por encima de toda ofensa, por encima de toda indignación personal? Sólo usted puede amar sin egoísmo, sólo usted puede amar no por usted, sino por aquel a quien usted ama." (Dostoyevski, 2019, p.674-675)

La relación construida sobre la estructura "ser humano-ser humano" queda anclada a las determinaciones de la finitud, a la contingencia de aquello que desee o agrade a amante y amado. Una amistad construida sobre la predilección escogida gracias a un atractivo temporal que percibieron ambos (el uno en el otro y viceversa), corre el riesgo de transformarse y, por tanto, de que la amistad pierda la llama que mantenía en acción su amistoso amor. Las vivencias en el transcurso de toda una vida hacen cambiar a uno su carácter y personalidad y, con ello, la amistad corre el riesgo de la desaparición por la pérdida del mismo atractivo que, en su momento, la forjó.

El amor auténtico al prójimo, sin embargo, niega y no tolera que aquello que lo determine sean las determinaciones mundanas, pues el objeto directo de amor no es el prójimo (como ser individual mundano), sino Dios y, por tanto, el amor mismo. La estructura del amor cristiano no es la de "ser humano-ser humano", sino la de "ser humano-Dios-ser humano".

El auténtico amoroso se centra en amar a Dios en el prójimo. Al amar el amor como tal, éste no se centra en ajustar su relación con el prójimo a sus propios esquemas de predilección individuales, al igual que él mismo no entiende su relación con el "tú" como un acto servil de acoplamiento a las representaciones que le pueda imponer a modo de requisito para el ejercicio de su amor. Al amar a Dios en el prójimo no establece ninguna diferencia entre ser humano y ser humano; tiene como obra el suponer siempre de antemano que el amor se encuentra presente en el otro. Es Dios el que funda este amor, no el amante individual desde su propia individualidad inmediata. Es al amor como tal al que se ama a través del prójimo. Todo ser humano se convierte, con ello, en posibilidad de amor: "Pues cuanto más decisiva y exclusivamente la predilección cierra filas en torno a un único ser humano, tanto más lejos está de amar al prójimo." (Kierkegaard, 2006, p.87)

6.- Pasión amorosa y amistad:

Kierkegaard establece una marcada diferencia entre tres clases de amor, dos de ellos relativos a una misma categoría: por un lado, la pasión amorosa y la amistad y, por otro, el amor cristiano al prójimo. La distinción entre ellos se construye por medio de dos factores. En primer lugar, los dos primeros corresponden a categorías exclusivamente humano-temporales, mientras que el segundo, determinado por el concepto de "prójimo", trasciende y anula toda determinación mundana y su amor no se fundamenta por mor de amante y amado de manera directa, sino sobre la categoría intermedia de la igualdad esencial de la eternidad y, por ello, sobre Dios. La novedad que aparece tras el surgimiento del concepto de prójimo es la atención a la igualdad general-humana de todo ser humano, frente a la amistad y la pasión amorosa que, al sostenerse sobre la mera voluntariedad de los individuos que determinan dicho amor, tienen como propiedad clave la elección y exclusividad particularista. Únicamente el amor al prójimo, al dirigirse a todo ser humano (y, por ello, encontrándose fuera de toda elección particular del individuo singular) cumple con la condición de erigirse en deber y tarea: "Amarás al prójimo como a ti mismo".

En el presente apartado nos centraremos en las dos primeras clases de amor mencionadas: amistad y pasión amorosa.

Ambas son caracterizadas como "amores de predilección" (Kierkegaard, 2006, p.76). ¿Por qué usar el término *predilección*? Tanto la amistad como la pasión amorosa nacen y se sostienen por la voluntariedad singular y correspondencia mutua entre amante y amado. Las condiciones de su amor respectivo son seleccionadas y construidas por los propios individuos singulares que se corresponden. La relación presenta la siguiente estructura: ser humano – ser humano. En este sentido, las categorías desde las que se dirige el amor de amante y amado son autorreferenciales, en tanto en cuanto aquello que se ama del otro es, precisamente, aquello que han seleccionado y dirigen "para sí", como objeto de goce, amante hacia amado y viceversa. De la misma manera, pasión amorosa y amistad no pueden dirigirse a todos los seres humanos en términos generales, pues se basan en la devoción exclusiva a través de la cual amante y amado son correspondidos y respectivamente se conforman a las representaciones individuales requeridas para la consecución de su amor. El amor que dirige, de manera intencional, el amante hacia el amado (ya sea de manera romántico-pasional o amistosa), remite a su predilecta parcialidad. El amor aparentemente dirigido hacia el objeto exterior amado vuelve, retrospectivamente, a la satisfacción e identificación del amante consigo mismo. Dadas estas razones, podemos entender la expresión kierkegaardiana de "amor de sí":

> Con frecuencia acontece como si el ser humano, por más que el amor de sí sea lo condenable, no tuviera sin embargo la fuerza suficiente para estar solo en lo que toca al amor de sí y éste no se revelara de veras hasta que no fuera hallado el otro yo, encontrando los dos yoes en esta

solidaridad la fuerza para el amor propio del amor de sí. (Kierkegaard, 2006, p.81)

En la amistad y la pasión amorosa el amor se da en tanto que el amante recibe del objeto amado el deseo de goce construido y proyectado por la determinación preferencial construida por el "yo" individual. El "tú" se identifica, pues, como "el otro yo". Amor en tanto que se recibe la satisfacción de aquellas condiciones ideadas o buscadas para poder amar al amado. La voluntariedad propia de la predilección es la determinación de estos dos tipos de relaciones amorosas. En este sentido, amistad y pasión amorosa son constitutivamente frágiles y se encuentran sujetas a la posibilidad de la desaparición por el cambio de preferencias o frustración del cumplimiento de las expectativas que sujetaban la *conditio sine qua non* para darse el amor entre amante y amado.

La "pasión amorosa" se corresponde, dicho brevemente, con el amor romántico. En este tipo de relación amorosa, "el yo está determinado de un modo senso-anímico-espiritual" (Kierkegaard, 2006, p.80). ¿Qué quieren decir estas palabras? Lo que vienen a expresar es la serie de determinaciones por las que amante y amado se aman entre sí. Por un lado, se encuentra el elemento sensual. Cuando la "pasión amorosa" se encuentra determinada únicamente por la seducción senso-corporal, nos situamos en el terreno meramente erótico o, dicho con términos kierkegaardianos, en la inmediatez del estadio estético de la vida humana. Por otro lado, el elemento sensual puede relacionarse con el anímico o moral, y en ello estribaría el que, en efecto, existiera una relación romántica no limitada meramente al goce corporal. La determinación espiritual que quedaría construida por la pasión romántica se basaría, dados los factores de voluntariedad y predilección, en la formación de una síntesis basada en las representaciones mundano-temporales entre amante y amado. Amantes y amados no irían más allá de ser un "otro yo" en la relación mutua entre sí: "y esta es la razón de que puedan convertirse, en sentido egoísta, en un solo Sí Mismo" (Kierkegaard, 2006, p.81).

La predilección de la pasión amorosa descansa en la inclinación o instinto de atracción entre dos seres humanos, ya sea por causa de la seducción sensual, la atracción de carácter u otros elementos que pudieran propiciar tal acción. Esta clase de amor no puede, lógicamente, ser elevada a ley, pues siempre se mantiene en el terreno de la voluntariedad de los amantes al amar. Así es como lo expresa el pensador danés: "en la predilección se contiene una determinación natural (instinto-inclinación) y el amor de sí, que egoístamente es capaz de unir a dos en un nuevo Sí Mismo egoísta" (Kierkegaard, 2006, p.80).

En *Diario del seductor*, el protagonista, al referirse a la pasión amorosa, enunciaba las siguientes palabras: "El que no sabe absolutizar el amor, haciendo que toda otra historia se desvanezca en comparación con éste, no debería nunca incurrir en el amor, por más que se case diez veces" (Kierkegaard, 2006, p.379). El hacer del amor romántico un absoluto es algo que corresponde a la perfección con aquello a lo que dedican sus composiciones los poetas. Al absolutizar la pasión amorosa, los amantes se aíslan de todo otro amor que se encuentre más allá del suyo propio. El sentido de su relación se tambalea entre la absolutización de ésta (hacer de su amor lo único que les incumbe y les pude incumbir) y la nada trágica de la pérdida. El poeta canta a la tragedia del amor perdido y al aislamiento amoroso entre amante y amado respecto de cualquier otra forma de amor posible. El amor, pues, se encuentra exclusiva y particularmente entre los dos individuos que conforman la relación. Como ejemplo de la asociación entre poética y pasión amorosa, son especialmente ilustrativos aquellos versos escritos por el poeta español Miguel Hernández: "Menos tu vientre/todo es oculto,/menos tu vientre/todo inseguro,/todo postrero,/polvo sin mundo." (Hernández, 1980, p.103)

La amistad, por otro lado, presenta rasgos semejantes a la pasión amorosa. Ésta se construye por la búsqueda del objeto de amor que agrade y cumpla con las categorías de "lo amable" que el "yo" proyecta sobre aquél que ama amistosamente. Las determinaciones del "yo" siguen basándose en una predilección que debe ser correspondida por el otro al que se escoge como compañero de amistad. Antes que la búsqueda de un "tú" romántico y sensual, aquí se da algo diferente que puede ser esclarecido mediante la expresión de "la correspondencia con lo amigable o lo amable". La amistad, al igual que la pasión amorosa, continuaría situándose dentro del "Sí Mismo egoísta" (Kierkegaard, 2006, p.80), pues ésta, de la misma manera, seguiría estando fundada por la predilección nacida del "yo" hacia la elección voluntaria del objeto amado.

Las representaciones que salen del "yo" hacia el objeto amado vuelven, al igual que en el amor romántico, de vuelta retrospectivamente hacia sí mismo para su consiguiente satisfacción de gozo y placer.

Aristóteles, al referirse a la amistad en su magna obra *Ética a Nicómaco*, ya esclareció la voluntariedad característica de la misma:

> Parece que cada uno ama lo que es bueno para él, y que, si bien lo amable es lo bueno en absoluto, para cada uno lo es el bien de cada uno, y cada uno ama, no lo que es bueno para él, sino lo que parece que es bueno. (Aristóteles, 2014, p.219)

La amistad y la pasión amorosa, en tanto que relaciones de predilección, se diferencian esencialmente del amor al prójimo, término que engloba a todos y cada uno de los seres humanos mediante la negación de su pertenencia contextual o temporal a la mundanidad terrenal. Aquellas dos formas de amor no consisten en amar al otro "por sí mismo" (como un "tú" radical) sino por y desde aquellas representaciones individuales por las cuales escogen dirigir su amor al otro que, de hecho, las satisface. El concepto de prójimo, en cambio, introduce la novedad fundamental al englobar a todos y cada uno de los seres humanos. Mediante semejante concepto, el amor no queda limitado a la relación meramente mundana y directa entre ser humano y ser humano. Ahora es la relación con la eternidad la que determina el amor entre ambos. La eternidad es aquello desde lo cual se toma consciencia de la igualdad esencial entre todos los seres humanos. Este amor es, entonces, espiritual en sí mismo (dado que se encuentra más allá del cuerpo fáctico perteneciente a la mundanidad temporal). En este sentido, ya no cabe como intermediaria del amor ninguna representación individual mundano-temporal, sino que la determinación mediadora es la eternidad, es decir, Dios.

En el amor al prójimo[8], la relación amorosa no es susceptible de ser captada mediante categorías fáctico-temporales, sino con "el poder superior que tiene sobre sí" (Kierkegaard, 2006, p.232). El Poder que sustenta y funda la relación de igualdad en la eternidad de todo ser humano es Dios (lo Totalmente Otro del mundo):

> En tanto amas a tu amigo, no te asemejas a Dios, ya que para Dios no existe ninguna diferencia. Mas cuando amas al prójimo, entonces te asemejas a Dios. (Kierkegaard, 2006, p.89)

¿En qué se basa este "amor al prójimo"? ¿Qué paradojas pueden identificarse en esta distinción entre mundanidad y eternidad? ¿Se trata este amor de una mera quimera o, en efecto, puede inscribirse de manera efectiva en el mundo temporal? Pasemos al siguiente apartado.

---

[8] Véase apartado 5.

7.- Cristianismo y mundo:

Entre el cristianismo y el mundo temporal se da un cambio de escala valorativa. El cambio se establece entre la perspectiva de la mundanidad y la de la eternidad. El cristiano ha de verse situado en esta doble heterogeneidad y, partiendo de ella, debe llevar a ejercicio su deber fundamental: el amor al prójimo. Es necesario tomar en cuenta esta distinción para poder adentrarnos en la radicalidad de la tarea de amar a todos y cada uno de los seres humanos. "Todos", y no "algunos". Amar a todos los seres humanos, podría decirse, se presenta como una labor inabarcable e incomprensible para un hombre. La respuesta a esta observación podría ser afirmativa, mas únicamente si nos limitamos a contestar desde el mero plano de la diversidad terrenal. La mirada de la eternidad, o el ver al otro como un prójimo, al colocarnos en esencial igualdad con cualquier otro ser humano, introduce aquí un cambio radical y decisivo. Amar a todos los seres humanos se revela, por consiguiente, como tarea posible y de puesta en acción inmediata. Toda diversidad o representación terrenal al amar queda suspendida por la entrada del plano de la eternidad, la cual nivela a todos los seres humanos en plena igualdad, concibiendo a cada uno de ellos desde aquello que más esencialmente les constituye. Ésta es la novedad efectuada por el cristianismo. Al otro no se le ama por "x" razones surgidas de su pertenencia fáctica al mundo, sino por su relación con la eternidad, y en ello no hay diversidad alguna que valga. En este sentido, tal y como lo expresa

Kierkegaard, "cristianismo y mundanidad jamás llegarán a comprenderse mutuamente" (Kierkegaard, 2006, p.98).

¿Cuál es esta relación, propia de todo ser humano, con la eternidad? ¿En qué consiste el amor ejercitado desde esta nueva perspectiva? ¿Qué relación existe, en el acto de amar, entre la mirada del mundo y la de la eternidad? Adentrémonos en ello.

Un rasgo característico de la filosofía de Kierkegaard es el foco de atención que mantiene sobre la búsqueda de coherencia entre el pensar y el hacer, la relación entre el ideal y su realización efectiva en la vida real cotidiana de cada ser humano concreto. La escala de profundidad del hombre no reside en su talante o porte estético ni en una compleja y suntuosa explicación acerca de la comprensión intelectual de la realidad o un aspecto de ella. La profundidad se revela en la consecución práctica de aquello que se cree y se dice en el hacer práctico del día a día. Dicho con otras palabras, el centro vital del ser humano se encuentra en la perseverancia y nivel de encarnación real del ideal por el que se vive o se lucha por vivir.

En la coherencia que existe entre encarnar aquello que uno cree y piensa y vivir real y valerosamente acorde con ello es donde reside el dinamómetro del grado de profundidad del hombre. El filósofo danés, en una de sus últimas obras publicadas, titulada *El libro sobre Adler. Un ciclo de ensayos ético-religiosos*, hace hincapié en esta cuestión: "la profundidad es la realización *existencial* profunda de una idea" (Kierkegaard, 2021, p.68).

El amor al prójimo no se revela, entonces, como un magistral discurso que pretenda aglutinar aplausos y admiración de los oyentes que lo escuchen, así como tampoco resulta ser una apariencia estética que busque la captación visual de los espectadores que a uno vean. Resulta ser, más bien, una radical tarea de encarnación del ideal o, lo que sería lo mismo, de la perseverancia continua en la puesta en práctica del mandamiento que ordena amar a todos los seres humanos desde la igualdad en la eternidad: Amar al prójimo como a uno mismo.

El amor meramente mundano, expuesto por Kierkegaard mediante los ejemplos de la amistad y la pasión amorosa, presenta una diferencia fundamental respecto del amor al prójimo. El primero se construye desde las representaciones y predilecciones nacidas del ser humano que ama sobre aquél que recibe el amor. Éste, pues, no se sostiene sobre sí mismo, sino sobre las representaciones que el ser humano idea para llevarlo a cabo. El cristianismo rompe, desde la raíz, con esta posición, haciendo del amor un deber mediante el mandato de amar al prójimo como a uno mismo. El término de prójimo hunde sus raíces en la relación esencial que todo ser humano guarda con la eternidad y, por ello, iguala a toda persona en base a aquello que más fundamentalmente le constituye. En este amor, toda razón y justificación de amar sostenida sobre representaciones relativas a la pertenencia histórico-contextual al mundo queda negada, pues el amor al prójimo "tiene la ley de su existencia en la relación misma del amor con lo eterno" (Kierkegaard, 2006, p.60). San Agustín, en *La ciudad de Dios*, ya expresó cómo, en el mundo fáctico-temporal, toda diversidad mundana desemboca en la desaparición, por la muerte que a todos alcanza: "El fin de la vida hace que sean una misma cosa la vida larga y la vida breve" (Agustín, 1958, p.84).

El término "prójimo" hace necesaria una negación o elevación del otro por encima de su pertenencia contextual al mundo temporal finito y, así, le coloca en la mirada de la eternidad. Desde esta mirada, no hay representación posible que diferencie a unos seres humanos de cualesquiera otros. Erigido el amor en tarea, no hay justificación individual alguna para declarar quiénes merecen más amor que otros. La predilección[9] ya no tiene lugar donde pisar tierra firme.

Si para amar al prójimo (al "tú") he de llevar a cabo la operación anteriormente explicada, para "amarle como a mí mismo", el "yo" tiene que partir de una autonegación respecto de sus propias representaciones para amar. El "yo" niega sus propios esquemas e intereses mundanos y se entrega abandonado a la relación con la eternidad, reflejada en la relación con sus prójimos. El "yo" reconoce su esencial igualdad con cualquier otro ser humano y, por ende, no determina él mismo a quién ama, pues la tarea consiste precisamente en amar al prójimo, y el prójimo es todo ser humano. El cristianismo, por ello, reconoce que la encarnación en el "yo" de "este *has de*" (Kierkegaard, 2006, p.51) amar al prójimo es acercarse a amar como Dios ama: amar a todos los seres humanos por igual en su condición de criaturas de un mismo Padre. Para el ser humano, por su

---

[9] Véase apartado 6.

condición finita e imperfecta, erigirse en pie de igualdad con Dios es imposible, y por ello la tarea es infinita y siempre se encuentra *por cumplir*. El "amor de sí"[10] (Kierkegaard, 2006, p.80), entendido como amor a la propia individualidad concreta y mundana que soy "yo", queda entonces radicalmente diferenciado respecto de esta comprensión del "amor a uno mismo": "Cuando el *como a ti mismo* te haya arrancado del amor de sí, que el cristianismo, cosa bien triste, tiene que suponer que se da en todo ser humano, entonces cabalmente habrás aprendido a amarte a ti mismo" (Kierkegaard, 2006, p.42).

Desde esta perspectiva sobre las relaciones humanas y el amor al otro, se podría objetar que nos vemos conducidos a una negligente atención en referencia a la relación corporal del hombre con el mundo y, por ello, abocados a cierta inactividad social y política. Resulta importante tratar la relación que se presenta entre la "diversidad terrenal" (el mundo fáctico real) y el amor cristiano. Para introducirnos en este problema, leamos las siguientes palabras sacadas de *Las obras del amor*:

> La diversidad es como una enorme en red en la que la temporalidad se conserva; las mallas de esa red son a su vez diferentes; un ser humano aparece más prendido y atado a la existencia que el otro. Pero toda esta diversidad, la diversidad entre una y otra diferencia, la diversidad cotejadora, no ocupa al cristianismo en absoluto, ni lo más mínimo, porque semejante ocupación y

---

[10] Véase apartado 6.

preocupación son a su vez mundanidad. (Kierkegaard, 2006, p.100)

Kierkegaard, mediante esta sentencia, parece afirmar una desocupación del cristianismo ante los asuntos del mundo terrenal histórico-fáctico. Además, sus posiciones no se presentan, de ninguna manera, como propuestas dirigidas a una transformación revolucionaria de los estados de cosas del mundo o, dicho de otra manera, de las estructuras de las sociedades políticas. En *Las obras del amor* se pueden observar pasajes en los que directamente se puede observar que, en este ámbito, tal acción revolucionaria no tiene ningún lugar en el que guarecerse:

> Si una diversidad temporal, con la que un ser humano se embelesa aferrándose de manera mundana firmemente a ella, es a los ojos del mundo indignante y clama al cielo, o por el contrario es a los ojos del mundo inocente y amable, eso no ocupa al cristianismo en absoluto, puesto que él no discrimina de manera mundana (…) (Kierkegaard, 2006, p.98)

El ser humano, al existir en el mundo natural (corporal) e histórico-mundano en el que se encuentra no puede, en absoluto, llevar a cabo una anulación de las diversidades terrenales en y entre las que vive. El amor desde la perspectiva de la eternidad se revela, entonces, como aquello que se inscribe temporalmente en la propia mundanidad, desde lo Absolutamente Otro de la totalidad histórica del propio mundo sobre el que actúa:

"deja subsistir todas las equidades, pero enseña la equidad de la eternidad" (Kierkegaard, 2006, p.99). El amor al prójimo actúa dentro y se proyecta sobre las relaciones mundanas, pero no viene de ellas ni pertenece a las mismas, ya que se encuentra más allá de la totalidad histórica. Las diversidades terrenales siguen existiendo; lo que cambia es el modo de concebirlas y de actuar en ellas.

Theodor Adorno, en su obra titulada *Kierkegaard. Construcción de lo estético*, expuso una crítica al filósofo de Copenhague, expresando la supuesta impotencia o imposibilidad de actuación o praxis en el mundo efectivo o real desde la concepción kierkegaardiana del amor al prójimo:

> Contra esto se impone la objeción de que no se puede introducir el concepto de praxis de la vida real como medida del amor al prójimo cuando de esta praxis está en verdad excluido el mundo en el que ésta podría desplegarse; de que absolutamente ninguna praxis es posible sin que aquel que la desarrolla asuma él mismo algo de lo que Kierkegaard atribuye a la Providencia (Adorno, 2006, pp.201-202)

La crítica que Adorno presenta, a pesar de ser sugerente, la consideramos algo precipitada y susceptible de ser rebatida. La cuestión es que el pensador alemán se refiere, en esta cuestión, a la praxis político-transformadora. Aunque la materialización del amor al prójimo no pueda basarse en una forma de acción revolucionaria (por ejemplo, en el sentido en que el marxismo se podría referir a ella), el amor al prójimo sí puede y ha de ser efectuado, de otra manera, en el mundo real. La cuestión no gira en torno a tomar partido dentro de las diversidades o estructuras terrenas (como podrían ser, por ejemplo, los intereses y problemas entre las clases sociales dentro de una sociedad política) y llevar a cabo un cambio real en las mismas, sino que se refiere a otra forma de acción o práctica real totalmente distinta.

Llevando, en un principio, la razón a Adorno, podemos decir que, al referirnos al amor al prójimo, una mayor atención y consideración del mundo real corporal es necesaria. El mundo natural no puede cancelarse, sería una fantasiosa quimera, y tal cancelación no es la intención presentada por Kierkegaard. El problema que planteamos se encuentra ligado a la relación entre cuerpo y espíritu. Dentro de las diversidades mundanas es donde se lleva a cabo, de manera necesaria, la inscripción y ejercicio del amor al prójimo. Aquéllas, pues, han de servir de terreno material sobre el que el amor al prójimo se efectúe. El amor al prójimo no puede salir del contexto corporal y material dentro del cual se pone en marcha.

La consideración sobre la que se basa el amor cristiano es la del concepto de prójimo como aquél que iguala a todos los seres humanos mediante el punto de mira en aquello que más profundamente constituye su humanidad, es decir, la perspectiva de la eternidad. Por lo tanto, la perspectiva de la proximidad con el prójimo es especialmente "revolucionaria" en aquellos ámbitos y tratos en los que más se impida, a ciertos seres humanos, salir del orden de la totalidad y, por tanto, se tienda a constituir y apreciar de manera acentuada su valor desde representaciones meramente mundanas. En este caso, la deshumanización se puede encontrar a un paso de darse.

Dentro de las representaciones mundanas, la instrumental (dominación técnica de un ser humano o un poder hacia otro) se presenta como una de las más sangrantes, así como la de ver a los marginados (los situados en los márgenes) de una comunidad social o política como meramente "los marginados", y no como prójimos. Si el amor al prójimo es amor a todos los seres humanos, el amor ha de significar también que ningún problema o sufrimiento humano del "otro" puede ser ajeno a nadie. Ahora bien, para ello es necesario tomar de una manera atenta la diversidad terrena. A nivel histórico se han dado diferentes casos de deshumanización y marginación de grupos e individuos humanos. Es ahí donde se presentan los hechos de negación del otro como prójimo o, lo que es lo mismo, como igual y, por ello, como absoluto merecedor de ser amado. En aquellos lugares en los que seres humanos son más violentamente separados de los lazos de la eternidad es donde más intensamente se nos recuerda la necesidad de ser el prójimo que reconozca al otro como igual (como prójimo) y, por tanto, de amarle desde la mirada de la eternidad.

A lo largo de la historia, existen y han existido diferentes ámbitos, contextos y sociedades en los que grupos de personas e individuos son y han sido separados de los lazos de la eternidad.

La tarea del amor prójimo grita intensamente su necesidad en aquellos que duermen y viven en soledad entre cuatro cartones en las esquinas de las calles, pasando desapercibidos entre todos los paisanos que transitan por ellas, en el drogadicto con el pelo ralo, el rostro magullado y el cuerpo maltratado al que nadie quiere acercarse, en el anciano abandonado y en tantos otros casos que nos rodean… En el sufriente, el prójimo pide su reconocimiento y exclama la necesidad de ser amado.

Reconocer y amar al prójimo no es, pues, una tarea dirigida a encontrar la comodidad, sino a prestar total atención a la realidad que nos rodea y tener una firme consciencia de que todo sufrimiento del "tú" no es nunca ajeno al "yo". ¿Por qué? No por búsqueda de beneficio, admiración social o recompensa, sino porque *has de* amar al prójimo. Amar por el amor mismo. Por ello, a ojos del mundo, el amar de este modo puede parecer algo absurdo y ridículo, pues no deja de ser "escándalo para la carne y la sangre y una locura para la sabiduría" (Kierkegaard, 2006, p.83). La radicalidad del amor cristiano reside en que escapa a cualquier clase de cálculo prudencial en el amar, así como a cualquier clase de preferencia individual o particularista para ejercerlo: "Su seriedad fija enseguida la atención de la eternidad en el individuo, en cada uno de los individuos" (Kierkegaard, 2006, p.365).

La atención y acción en el mundo temporal (en la diversidad histórico-terrenal) es, quizás, más necesaria de lo que consideraba Kierkegaard. El golpe de la realidad está ahí, para recordarnos el deber y la necesidad de amar al prójimo. El que persevera por encarnar el mandato del amor ha de caminar en la realidad del mundo y tratar de inscribirlo en la realidad lo máximo y más auténticamente que pueda. Conmovedora y dura mezcla existe entre la violencia a la que se ve expuesto el hombre en el mundo y, al mismo tiempo, la necesidad de reconocimiento y amor que grita simple y desesperadamente: ¡Reconóceme! El golpe de la realidad acontece y, frente a la tarea del amor, no hay subterfugio alguno posible: "*Por esta razón, el amor al prójimo es la equidad eterna en el amar*, mas esta eterna equidad es lo contrario de la predilección" (Kierkegaard, 2006, p.82).

8.- El problema de la caridad en Kierkegaard:

Hay, desde luego, obras que se llaman especialmente obras de caridad. Pero en verdad, porque uno dé limosnas, visite viudas o vista al desnudo, no por ello queda su amor demostrado o se ha hecho perceptible; pues las obras de caridad pueden llevarse a cabo de modo egoísta, y en este caso la obra de caridad no es obra alguna del amor. (Kierkegaard, 2006, p.30)

En el habla cotidiana, el término *caridad*, además de asociarse con la religión cristiana (siendo una de las tres virtudes teologales: fe, esperanza y caridad), se concibe como aportación de limosna o ayuda entregada a la persona necesitada (pobreza material). Sin embargo, Kierkegaard y, realmente podríamos decir, el cristianismo, van más allá de la mera aportación material en relación con la miseria en la que consiste la pobreza. La clave de este punto estaría en que, como hemos dicho en el comienzo del presente apartado, toda virtud teologal y todo contenido de la fe cristiana ha de reposar y reposa en el amor. No toda "acción caritativa", ayuda o dispensación de limosna al pobre tiene por qué darse por hecho que esté derivada de la ley fundamental, que es la de amar al prójimo.

En condiciones de pobreza (y por ahora refirámonos a ella sólo en el sentido de ausencia de cobertura de las necesidades básicas para sobrevivir), el necesitado, de manera involuntaria, necesita de la ayuda del otro o de algo otro que pueda procurarle su supervivencia. El necesitado no puede asegurarse por sí mismo aquello que, de manera involuntaria, necesita como sustento vital. Por ello, necesita de algún otro que pueda aportárselo. Karl Marx, en los *Manuscritos de economía y filosofía*, explicó el movimiento que, de manera automática, se da en el ser humano que sufre de la pobreza, movimiento que se refiere siempre a la necesidad de "otro": "La pobreza es el vínculo pasivo que hace sentir al hombre como necesidad la mayor riqueza, el otro hombre" (Marx, 2003 p.150).

Manteniéndonos en este plano, al hacer referencia a la acción que ejerce la persona que acude en ayuda del necesitado, podríamos utilizar la expresión de "solidaridad ética". Dicha acción únicamente se ocuparía de la entrega de las necesidades materiales de aquellos individuos que carecieran de ellas, sin ir más lejos que la mera dispensación técnica. Un área encargada de ello sería el "trabajo social", cuya función se encuentra establecida por el auxilio técnico-material hacia aquellos que lo requiriesen. La caridad, no obstante, se sitúa en otra escala diferente.

Para poder desarrollar la distinción entre "caridad" y la mera "solidaridad técnico-material" nos serviremos de dos nociones. En primer lugar, de aquello que Kierkegaard expuso como "el cristiano igual por igual" (Kierkegaard, 2006, p.134). En segundo, de lo que vamos a manifestar, por ahora, con una sola expresión: **entregarse** amorosamente al otro. Precisemos y comprendamos qué suponen y en qué consisten estos dos principios mencionados.

El "cristiano igual por igual" (Kierkegaard, 2006, p.134) es posible gracias a la noción de "prójimo"[11]. En

---

[11] Véase apartado 5.

el amor al prójimo se da como condición necesaria la autonegación de las propias determinaciones mundanas del "yo" y las del prójimo, todo ello dirigido al fin de establecer la igualdad fundamental en la eternidad, la igualdad entre todos en la medida de estar dirigidos a un mismo destino común: en un primer momento, la muerte y, cristianamente, la eternidad puesta por lo Totalmente Otro (Dios). Cabe resaltar que, de ninguna manera se puede tratar de comprender esta "relación de igualdad en la eternidad" mediante el entendimiento teorético-científico, puesto que ésta es una cuestión de fe. La condición finita del hombre (consciencia de la propia muerte y percepción de ella cuando alcanza a los congéneres cercanos) hace recordar la naturaleza perecedera del ser humano (de todo ser humano), es decir, el estar traspasado por la muerte y, por ello, sumergido en el pecado en este mundo. Ningún amor sostenido por determinaciones mundanas es, pues, de permanencia o posesión segura. La propia determinación, al haber nacido y haber sido establecida únicamente en y por el mundo finito es, a su vez, perecedera y, por ello, pecadora. Todos hemos de reconocernos, entonces, como copartícipes o "co-sufrientes" por igual en el mundo del pecado (traspasado por la muerte) en dirección a un mismo destino, que es la ultimidad mundana. Muerte, cabe recordar, vencida por la eternidad. Pecado vencido por la eternidad.

En el sufrimiento común surgido del reconocimiento de ser todos pecadores por igual y, por ello, sufrientes, se apoya la caridad sostenida en el amor. En este sentido, la diversidad terrenal resulta ser algo inevitablemente existente, pero, al partir de la condición común como prójimos y, por ello, de iguales, pasa a convertirse en algo secundario: "Sin embargo, si verdaderamente se ha de amar al prójimo, hay que acordarse a cada instante de que la diversidad es un disfraz" (Kierkegaard, 2006, p.116).

A modo de ejemplo, sirvámonos de una breve historia. Imaginémonos a dos personas que, recién conocidas, se encuentran dando un paseo. Durante el trayecto se da una extensa conversación entre ambos, centrada en el relato de la vida de uno de ellos. A medida que desarrolla su discurso, el oyente va percibiendo una vida que no ha conocido la palabra *tregua*. Una biografía repleta de tribulaciones, tragedias y, sobre todo, fracasos, palabra en la que, constantemente, hace hincapié. Fracasos que, por cierto, no había experimentado ni vivido el que escuchaba. A medida que prestaba atención a cada palabra que decía su nuevo conocido, se fijaba en ciertos tatuajes que exhibía. En una de sus manos aparecía grabada la palabra "loser" (perdedor). Además de esto, también hacía hincapié en que, a cada sitio al que iba, se sentía como un "perro verde", como un extraño. Sugestiva palabra, la de "perdedor". El receptor podría, tras haber escuchado su historia y no sintiéndose, mundanamente, como un "perdedor" de la misma manera en que se reconocía el otro, haberle tratado desde entonces en adelante con cierta condescendencia acompañada de una tácita conciencia de superioridad. En ese caso, estaría cayendo en un alejamiento de la obra de amar al prójimo, relegándola por el trato construido por el orgullo de su propia representación individual y mundana. Por el contrario, en "el cristiano igual por igual" (Kierkegaard, 2006, p.134) hubiera encontrado el camino hacia la puesta en obra del auténtico amor caritativo, al modo de un sendero trazado por dos caminantes de la perdición en busca de alzar la mirada.

En la mirada del amor al prójimo algo diferente sucede. Al tener presente la condición de iguales desde la perspectiva de la eternidad, no se ama al ser humano por aquello que las representaciones mundanas pudieran hacer de él, sino desde la perspectiva de la condición de hermandad en la proximidad de ser prójimos con un mismo destino. Prójimos que se aman mutuamente "en el común saberse en peligro" (Arendt, 2001, p.144). En el plano de la esencial igualdad de la eternidad no cabe lugar para la pretenciosidad y el orgullo de aparentar superioridad ante aquél que parece más débil, desafortunado o mísero, pues no estaríamos tratando con nada más que un autoengaño. En la perspectiva de tal igualdad, el sufrimiento del otro no puede ser otra cosa que, igualmente, mi propio sufrimiento. El sufrimiento de mi igual, en tanto que me encuentro en la misma condición que él, no puede no afectarme.[12] El prójimo (próximo) y el "yo" no nos amamos por nuestras propias representaciones individuales, sino que amamos la señal de eternidad que hay en cada uno de nosotros y, por ello, amamos a Dios en el prójimo: "en lo de ser prójimo nos asemejamos todos incondicionalmente" (Kierkegaard, 2006, p.117).

---

[12] "En la comunidad con Cristo, entendida como un cuerpo, están contenidos todos los individuos como miembros, y cada miembro sufre con los otros." (Arendt, 2001, p.143)

La consciencia de la relación de igualdad en la eternidad es tener siempre en consideración que el sufrimiento del otro no es nunca ajeno al "yo", es decir, que le incumbe y afecta tanto como a él. El "yo" sufre con el otro y le ayuda a que las determinaciones mundanas que le afligen tal dolor no le venzan, presuponiendo siempre que en él también hay una señal de eternidad presente. Por este camino, "le ayuda a que ame a Dios" (Kierkegaard, 2006, p.137).

En la novela de Dostoyevski *Los demonios*, algo ilustrativo sucede durante el desarrollo de uno de los diálogos entre dos de los personajes de la obra, Nikolái Stavroguin y el padre Tojin. Éste último, citando un fragmento del libro del Apocalipsis (Apocalipsis, 3, 14-17), le muestra a aquél la miseria moral y humana de mantenerse "tibio" e indiferente ante la realidad que le circunda. En el amor al prójimo, la realidad más cercana y radical es el "tú", esto es, cualquier otro ser humano que, por ser prójimo, se le ha de amar:

> (…) Conozco tus obras; tú no eres ni frío ni caliente, estoy por vomitarte de mi boca. Porque tú dices: Soy rico: lo tengo todo y nada necesito. Pero no te das cuenta de que eres infeliz y miserable, y pobre y ciego y desnudo. (Dostoyevski, 2024, p.763)

Por último, el "entregarse amorosamente al otro" está estrechamente ligado a que el deber de amar al prójimo es la tarea de amar, nada más y nada menos, que a todos los seres humanos. Todos los seres humanos son prójimos y, por ello, iguales. Al amar al prójimo en cualquier ser humano se está amando, desde lo particular, lo universal. El prójimo particular es tanto el ser humano singular que está fáctica e inmediatamente presente ante el "yo" como cualquier otro que pueda estarlo. Amar a todos los seres humanos requiere un abandono de toda preferencia y determinación individual en el amar. En el prójimo no se ama al ser mundano constituido por sus determinaciones inmanentes al mundo, sino que se está amando a Dios en el otro. En la eternidad no hay diversidad alguna y, por ello, Dios no establece diferencia entre unos y otros. Por ello, expresa Kierkegaard aquello de que el amor auténtico al prójimo "no consiste en encontrar el objeto amable, sino en encontrar amable el objeto no-amable" (Kierkegaard, 2006, p.445).

La radicalidad y esfuerzo de la tarea no reside tanto en ver al otro como un prójimo, sino en reconocerse uno mismo como el prójimo del "tú" y el "él" (todo ser humano). Al llevar a cabo la obra de amar al prójimo, el hombre se acerca a amar como Dios ama, sin determinación ni representación mundana alguna. Por esta razón, el amoroso debe renunciar a toda esquematización del otro, tratando de acoplarle a sus propias predilecciones que hagan del amor "algo más amable para sí mismo" (amor de sí). Esto último indica, también, que el amante ha de obrar en perseverar amando al otro, más allá de cualquier cambio en su persona que suponga, mundanamente, una discordancia para su propia satisfacción personal. La obra de este amor ha de permanecer, incluso, en los casos de falta de reciprocidad y correspondencia amorosa por parte del amado hacia el amante.

La clave se encuentra en tener presente que todo ser humano "puede siempre volver a comenzar de nuevo", pues la condición pecadora es común (todos los prójimos estamos en igual condición de pecaminosidad, arrojados a la finitud del mundo temporal) y, al amar a Dios en el prójimo, amamos a Aquél que venció al pecado y, por tanto, al amor mismo. Amando al prójimo, entonces, "debemos siempre presuponer que el amor se encuentra siempre presente en él"[13]:

> Por eso, jamás renuncies de manera poco afectuosa a ningún ser humano, ni a la esperanza por él, pues sería posible que incluso el hijo más perdido pueda redimirse a pesar de todo; que, el enemigo más encarnizado, ¡aquél que era tu amigo!, es posible que, a pesar de todo, pueda volver a ser tu amigo; es posible que quien cayó más bajo, ah, porque estaba muy encumbrado, es posible que, a pesar de todo, pueda levantarse de nuevo; y es posible que el amor que llegó a enfriarse pueda volver a arder. (Kierkegaard, 2006, p.306)

---

[13] "El amor edifica al presuponer que el amor está presente." (Kierkegaard, 2006, p.269)

9.- Conclusiones:

Como hemos podido comprobar a lo largo de este ensayo, la cuestión principal que nos afecta aquí es la del hecho de que amar al prójimo quiera decir, ni más ni menos, que se haya de amar a todos los seres humanos. Cabe recordar, además, que en el amor al prójimo nos encontramos frente a una tarea o deber, allende cualquier clase de voluntariedad preferencial ideada por cualesquiera seres humanos individuales, inmanentes e "intratemporales" a la mundanidad finita.

Cierto escándalo y ecos de locura resuenan cuando caemos en la cuenta de tal mandato. No es ello de extrañar, pues la mirada de la eternidad (que engloba a todos los seres humanos, frente al particularismo de la diversidad terrenal mundana) se encuentra a una escala que rebasa el mero intelecto teórico mundano y todo cálculo prudencial o económico. La perspectiva que enfoca la atención en la señal de eternidad presente en cada uno de los individuos (prójimos) se apoya, ante todo, en la fe. Jesús de Nazareth (Dios-hombre), rebajado a la condición humana, descendiendo a la tierra y sacrificado por amor, inscribió la eternidad en el mundo. Kierkegaard ya percibió esta gran paradoja: Dios (lo eterno) desciende al mundo para hacerse a la condición más miserable posible, la del individuo carnal mundano-temporal; todo ello sin dejar de ser, a su vez, Dios (eternidad). La eternidad, que siempre "es", baja al mundo temporal en forma humana. Dicho con otras palabras, la paradoja se establece en que no deja de ser, al mismo tiempo, "necesidad y paso de la posibilidad a la realidad" (Rocca, 2020, p.203). El rebajamiento ha tenido que ser por amor, pues Dios (el ser perfecto y autosuficiente) no habría tenido ninguna necesidad de llevarlo a cabo para establecer una relación con sus discípulos.

En efecto, se puede afirmar que la verdad revelada de la fe es, y tiene que ser, "algo que *comprendo que es absurdo*", pues no está dirigido a ser abarcado o absorbido por el entendimiento científico-demostrativo, sino que es algo que ha de ser captado en la creencia por medio de la fe. Este "creer" no es, en absoluto, algo abstracto, sino que ha de ser inscrito en el mundo mediante la acción y puesta en obra del mandato en el cual descansa y se fundamenta la creencia. Si Dios (Cristo), tal y como hemos visto, es amor, y encarnándose amó a todos los seres humanos, el cristiano, amando a Dios (amando el amor) está llamado a amar al prójimo, es decir, a todos y cada uno de sus congéneres. De esta manera, el hombre se acerca progresivamente a amar como Dios ama (de manera universal), mas nunca llegando a encontrarse en pie de igualdad respecto a Él, pues entre ambos siempre ha existido, existe y existirá una "diferencia absoluta" (Rocca, 2020, p.178).

Dada esta diferencia absoluta, el mandato del amor (nacido de la eternidad) es infinito. El ser humano (finito y mundano) se encuentra traspasado por el pecado en este mundo (culminando en la muerte), por lo que su distancia respecto de Dios es absoluta. De esta manera, podemos darnos cuenta del carácter amoroso del rebajamiento del Maestro. Amar al prójimo no tiene que ver, entonces, con "cambiar al amado a la fuerza, sino querer hacerse -igual al amado-, compartiendo su miseria, volviéndose frágil y menesteroso" (Rocca, 2020, p.183). El mandamiento del amor al prójimo se enfrenta directamente con aquella "sabiduría mundana" que consiste en imaginarnos que debamos ser aceptables y aceptados, dentro de los estándares y categorías de la diversidad terrenal, para merecer ser amados, así como que los otros hayan de acoplarse a tales requisitos de aceptación para, a su vez, serlo. No nos damos cuenta, sin embargo, de la enorme diferencia que existe entre la admiración y el amor. El amor comienza cuando se percibe la imperfección y la debilidad constitutivamente humana, adquiriendo simultáneamente consciencia de la fragilidad y miseria que constituye también al "propio yo". Tal vez sea por ello por lo que el cristianismo enseña que el Maestro se rebajó a la condición de humano, precisamente para mostrar a los hombres lo que es el amor, encarnándose y compartiendo la menesterosidad e indigencia de todo el género humano.

El prójimo, identificándose con todo el género humano, no es susceptible de ser identificado con una idea metafísica e imaginativa lejana, sino con cada uno de los seres humanos reales y carnales próximos al "yo", es decir, todos aquéllos que "pasan realmente por su lado" (Kierkegaard, 2006, p.107). Al amar al prójimo se comienza, pues, con la propia "autonegación" (Arendt, 2001, p.129) abnegada de todas las proyecciones y determinaciones mundanas que pueda construir el "yo" respecto del amor que haya de proyectar o dirigir al prójimo. Amar a todos los seres humanos rebasa toda predilección individual. A su vez, la negación de las categorías concretas que puedan darse en el "tú" histórico-mundano contextual, viene a ser el comienzo de la mirada de la eternidad que reposa sobre él. Hannah Arendt expuso esta igualdad ejercida en el amor con las siguientes palabras:

> En la igualdad de todos los seres humanos delante de Dios, que se vuelve temática en el amor al prójimo, esta «voluntad hacia mí» (sea amistosa u hostil) cae en la misma indiferencia que el encuentro concreto y temporal con el otro como amigo o enemigo. La pregunta por el otro no pregunta por la significación mundana del otro, sino por su ser delante de Dios. Y en este ser ante Dios los hombres son todos iguales, todos igualmente pecadores. (Arendt, 2001, pp.136-137)

Amando al prójimo, uno ha de sustraerse al cálculo prudencial (mirada económico- utilitaria sobre el otro) y a las consecuencias que, en términos de "éxito y reputación mundanas" pueda conllevar el reconocimiento amoroso de todos los seres humanos como prójimos. Todo empieza por el reconocimiento de todo "tú" como prójimo, esto es, como aquél que, como cualquier otro, portara la señal de la eternidad y, por ello, hubiera de ser ocasión de amor y de ser amado.

Quizás, "en medio de la multitud ajetreada y pululante" (Kierkegaard, 2006, p.191) de las grandes sociedades contemporáneas de masas el reconocimiento real y radical del "tú" singular y personal se perciba como tarea ardua y difícil, mas teniendo en cuenta la necesidad natural de compañía y sociabilidad del ser humano, se ha de trabajar por poner en obra este amor, renovando y trabajando siempre la perspectiva de la eternidad. El amor al prójimo escapa, por ende, de toda determinación o mandato técnico posible, ni Estado ni capital pueden ordenar ni abrogar dicha tarea. La caracterización del "yo" y el "tú" por el nivel de éxito mundano, así como cualquier otra forma de relación humana construida a partir de determinaciones basadas en el nivel de riqueza o estatus social provoca que, tácitamente, el amor al prójimo (por medio del cual se reconoce la esencial igualdad en relación con cualquier ser humano) nos esté recordando algo semejante a aquel verso del célebre cantaor español Camarón de la Isla: "Siendo un rey poderoso soy un mendigo" (Camarón, 1979, 2m23s).

Amar al ser humano desde la perspectiva de la eternidad viene a ser, entonces, amar lo eterno que hay en él (a Dios). Desde lo eterno no hay posibilidad de arrojar a la muerte al otro, esto es, de cancelarle o negar su existencia (como prójimo). Al amar al prójimo, el amante dirige de manera implícita las palabras que, para el pensador existencialista francés Gabriel Marcel, representaban la declaración de amor más radical que un ser humano podía llegar a hacer a otro: "Amar a un ser - dice uno de mis personajes- es decir: tú no morirás nunca" (Marcel, 2005, 159).

Si amar verdaderamente al ser humano consiste en mirarle y reconocerle desde la perspectiva de la eternidad (negando su muerte), el odio más radical vendría a ser la cancelación o consciente negación de lo eterno que hay en el otro, lo cual significaría lanzarle violentamente a la muerte. Al expulsar a individuos o grupos de seres humanos de los lazos de la eternidad, la consecuencia es su enclaustramiento en determinaciones mundanas, dentro de las que diversas maneras de dominación del humano hacia el humano se encuentran siempre llamando a la puerta. Se ha de tener la valentía y el coraje de rebelarse frente a los fenómenos históricos y las representaciones mundanas que provocan la negación de la eternidad en los seres humanos, es decir, su dignidad infinita. Sin embargo, ¡con qué extrema cercanía se encuentran esta clase de fenómenos, entregando a la cancelación (muerte) a tan ingente cantidad de seres humanos! A lo largo de la historia y en el presente podemos recordar y percibir dominaciones técnico-utilitarias, torturas, vejaciones y negaciones de la existencia de tantos "tú", que al pensar en la tarea de amar al prójimo resulta inevitable sentir un intenso y clamoroso sobrecogimiento.

La tarea del amor se muestra revolucionaria y perenne ante aquéllos que han sido y son expulsados de los lazos de la eternidad: víctimas del totalitarismo, pueblos y trabajadores explotados, torturados, migrantes sin asilo, todas las personas invisibilizadas que duermen en soledad en plena calle y tantos otros innumerables ejemplos que podrían ser presentados. Al comparar la tarea del amor al prójimo y nuestro lugar en el mundo "llorar lágrimas de sangre" (Weil, 2009, p.111) es, también, una obra amorosa. El amor al prójimo también se encuentra en no banalizar el mal que acaece en el mundo y rebelarse contra la injusticia que supone la negación, en los seres humanos, de su dignidad eterna, esto es, su deliberada expulsión de los lazos de la eternidad.

Finalicemos este ensayo con las conmovedoras palabras de la revolucionaria y cristiana Simone Weil, la cual, encarnando en su propio ser el sufrimiento de cuantos le rodearon a lo largo de su camino vital, hizo del sufrimiento de tantos otros prójimos el suyo propio:

Las ciudades humanas, sobre todo, cada una en un nivel mayor o menor según su nivel de perfección, envuelven de poesía la vida de sus habitantes. Son imágenes y reflejos de la ciudad del mundo. (...) Pero destruir estas ciudades, ya sea material o moralmente, o excluir a los seres humanos de la ciudad precipitándoles entre los desechos sociales, es cortar todo nexo de poesía y de amor entre las almas humanas y el universo. Es sumirlas por la fuerza en el horror de la fealdad. Difícilmente puede imaginarse un crimen mayor. Todos participamos como cómplices en una cantidad casi innumerable de estos crímenes. Si pudiésemos comprenderlo, lloraríamos lágrimas de sangre." (Weil, 2009, p.111)

Bibliografía:

Adorno, Th. W. (2006). *Kierkegaard. Construcción de lo estético*. Ediciones Akal, S.A.

Arendt, H. (2001). *El concepto de amor en San Agustín*. Ediciones Encuentro, S.A.

Aristóteles. (2014). *Ética a Nicómaco*. Editorial Gredos, S.A.

Bover, J.M. (1950). *Las epístolas de San Pablo*. Editorial Balmes.

Canal Camarón de la Isla – Tema (29 de noviembre de 2018). *Tangos de la sultana (Tangos – Remastered 2018)*. YouTube. Recuperado el 27 de noviembre de 2024, de https://www.youtube.com/watch?v=UC7QNxyyAig

Canal Classic Hits Studio (17 de octubre de 2021). *The Platters. The great pretender*. YouTube. Recuperado el 8 de Noviembre de 2024, de https://www.youtube.com/watch?v=RBj2HN2uuNA

De Hipona, S.A. (1958). *La ciudad de Dios. Tomo XVI*. BAC Editorial.

Dostoyevski, F. (2019). *El idiota*. Alianza Editorial.

- (2024). *Los demonios*. Alba Editorial.

Hernández, M. (1980). *Poemas de amor*. Alianza Editorial.

Hobbes, Th. (2019). *Leviatán*. Alianza Editorial.

Kant, I. (2021). *Crítica de la razón pura*. Taurus.

Kierkegaard, S. (2021). *El libro sobre Adler. Un ciclo de ensayos ético-religiosos*.
Editorial Trotta, S.A.

- (2008). *La enfermedad mortal*. Editorial Trotta, S.A.

- (2019). *La repetición. Temor y temblor.* Editorial Trotta, S.A.

- (2006). *Las obras del amor.* Ediciones Sígueme S.A.U.

- (1999). *Migajas filosóficas o un poco de filosofía.* Editorial Trotta, S.A.

Marcel, G. (2005). *Homo Viator. Prolegómenos a una metafísica de la esperanza.* Ediciones Sígueme S.A.U.

Marx, K. (2003). *Manuscritos de economía y filosofía.* Alianza Editorial.

Mounier, E. (1974). *El pensamiento de Charles Péguy.* Editorial Laia.

- (1972). *El personalismo.* Eudeba S.E.M.

Platón. (1988). *Parménides. Teeteto. Sofista. Político.* Editorial Gredos, S.A.

Rocca, E. (2020). *Kierkegaard. Secreto y testimonio.* Universidad Pontificia de Comillas.

Colección de filosofía Acena. Serie Acena perspectivas.

Scheler, M. (2008). *Ordo amoris.* Caparrós Editores S.L.

De Unamuno, M. (2022). *Del sentimiento trágico de la vida en los hombres y en los pueblos.* Alianza Editorial.

Weil, S. (2009). *A la espera de Dios.* Editorial Trotta, S.A.

EDITORIAL ANAWIM

Quiénes somos

Sencillamente somos un pequeño grupo de cristianos, católicos, que hemos conocido el Amor de Dios. No sólo a nosotros sino a toda persona llamada a la existencia... y en un misterio cósmico que un día se revelará tras los dolores de parto, un Amor que envuelve y transfigura a toda criatura.

Esta vivencia, que ya ha trastocado todas nuestras vidas, es el motor de esta pequeña editorial. Una editorial que quiere estar atenta a los dolores del mundo, a ese caudal de sufrimiento que nadie puede calcular. Y a los destellos de belleza y de bondad que asoman por doquier, y a las esperanzas y alegrías de todas las gentes.

Qué pretendemos

En comunión con la Iglesia, con la conciencia de que sus llamadas más candentes, más ardientes, más comprometedoras, son desconocidas o situadas en un segundo plano en el alma de muchos hermanos. Así pues, una editorial para intentar, humildemente y confiando en la acción misteriosa de la Providencia, dar luz sobre unas «enseñanzas sociales» transidas de amor sobrenatural y de un lenguaje religioso personalista que remite al Señor de la Historia, Jesucristo...

Antiguas inquietudes que conservan todo su valor y vigor originales; personajes desconocidos, sorprendentemente desconocidos, y cuyas vidas son como una inaudita bocanada de esperanza y de verdad; nuevos retos, profundos, complejos, reducidos al fin a la sencillez de la respuesta del amor a cada cual... Todo con sabor a rebeldía, a disidencia, a la alegría del abandono en Dios a través de las luchas por un mundo justo y pacificado, hermanado a la sombra del Padre.

Todas las batallas que el papa Francisco ha expresado en la encíclica *Fratelli tutti*, todos los ámbitos de relación, con Dios, consigo, con los otros, con el universo... La no violencia activa y orante; la lucha por la paz; la justicia y la mística de la revolución social; el amor preferente por los últimos y los descartados; el inmenso y acallado mundo de los presos y prisioneros; los pueblos indígenas como custodios de sabidurías y últimos guardianes del paraíso acosado por la destrucción; las víctimas de los racismos y los combates por el honor y la libertad de todos; el universo de los adictos que aboca a los amores gratuitos; la dignidad de la mujer y el despliegue de todas sus específicas potencialidades; la complejísima e irresoluble cuestión de la identidad de los pueblos y el universalismo, solo abordable desde el espíritu con el que el Espíritu ungió a Gandhi; el mundo de las discapacidades y la justicia social y la voz que nos dice miremos a la persona en sí; los retos de la bioética desvinculados tanto de blasfemas sumisiones a la cultura dominante y sus leyes como de encorsetamientos conservadores... Y el ecumenismo de la pasión por el hombre, que nos conduce a encontrarnos en los caminos del sufrimiento con los hermanos separados. Y el rastrear huellas del Espíritu allí donde se manifiesten, en las religiones, en las culturas... El misterio de Israel, la fraternidad sobrenatural con las gentes del islam... Y la belleza de la Creación, el desafío de la suciedad, la desarmonía, la extinción...

Una mirada de tensión universal desde el misterio de la Iglesia, donde se abisman y se sacramentalizan los anhelos verdaderos de todo hombre y mujer, en todas las edades y latitudes.

Unos modos

Entonces... desproporción absoluta: desde la insignificancia y la pequeñez, pretensiones totales, querer llegar a escalar en medio de cánticos subversivos «las colinas creadoras de la protesta» (Martin Luther King), rodeados de una nube de testigos, como dice la Escritura.

Y en esta pequeñez agraciada cuidar los signos: un espíritu no lucrativo, querer ayudar a otros, si Dios lo permite y lo bendice, mediante la creación de trabajos vinculados a la marcha de la editorial. Permitir, por supuesto, la reproducción total o parcial de lo publicado. Usar de materiales lo más respetuosos posible de los dinamismos vitales de la «Hermana Madre Tierra» (San Francisco). Estar abiertos a la sorpresa respecto a las iniciativas.

OTROS TÍTULOS DE LA EDITORIAL

1.- SOBRE PETER MAURIN
(Dorothy Day)/
EASY ESSAYS. Ensayos simples
(Peter Maurin, maestro espiritual
de la sierva de Dios Dorothy Day)

2.-A LOS PUEBLOS INDÍGENAS
(San Juan Pablo II)

**3.-DE FRANCISCO,
EL ABORTO Y LA DERECHA**
(Gerardo López Laguna)

**4.-DIARIO DE UNA CONVERSIÓN.
DE LA HEROÍNA A LA INTIMIDAD CON DIOS**
(Pedro Miguel, 1968-1997)

**5.-UNA APROXIMACIÓN CRISTIANA
AL FENÓMENO DE LA ISLAMOFOBIA**
(Gerardo López Laguna)

**6.-EL CLAMOR DE LA GRACIA.
EL HOMBRE A LA LUZ DE NICOLAS CABASILAS**
(José Manuel Alonso Ampuero)

**7.-DOROTHY DAY Y PETER MAURIN.
PENSAMIENTO EN ACCIÓN POR LA PAZ Y LA
JUSTICIA**
(Ana Colomer)

8.-UN PROFETA COMO FUEGO.
PERFIL ESPIRITUAL DEL VENERABLE JOSÉ RIVERA
(Julio Alonso Ampuero)

9.-BISMILLAH (EN NOMBRE DE DIOS):
AMAD A LOS MUSULMANES
(Gerardo López Laguna)

10.-LOUIS MASSIGNON.
MÍSTICO CRISTIANO Y PROFETA DEL ISLAM
(José Luis Vázquez Borau)

11.-NUESTROS INTEGRISTAS
(Gerardo López Laguna)

12.- CARLOS DE FOUCAULD.
DE LA INCREENCIA A LA SANTIDAD
(José Luis Vázquez Borau)

13.- LUZ DE LA TRINIDAD:
EL BAUTISMO DE BOB MARLEY (JAH LIVE!)
(Enrique Giménez-Arnau Durán)

14.- DE NETANYAHU
Y OTROS GRANDES ANTISEMITAS
(Gerardo López Laguna)